中国扶贫书系

全国扶贫教育培训教材（第二批）

脱贫攻坚

干部培训十讲

国务院扶贫办政策法规司　｜ 组织编写
国务院扶贫办全国扶贫宣传教育中心

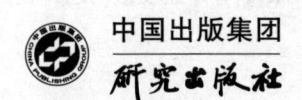

中国出版集团
研究出版社

图书在版编目（CIP）数据

脱贫攻坚干部培训十讲/国务院扶贫办政策法规司，国务院扶贫办全国扶贫宣传教育中心编.—— 北京：研究出版社，2019.3

ISBN 978-7-5199-0524-8

Ⅰ.①脱… Ⅱ.①国…②国… Ⅲ.①扶贫—中国—干部培训—学习参考资料 Ⅳ.①F126

中国版本图书馆 CIP 数据核字（2018）第 230329 号

出 品 人：赵卜慧
策　　划：张　博
责任编辑：寇颖丹　张　博

脱贫攻坚干部培训十讲

TUOPIN GONGJIAN GANBU PEIXUN SHIJIANG

国务院扶贫办政策法规司　国务院扶贫办全国扶贫宣传教育中心　组织编写

研究出版社 出版发行

（100011　北京市朝阳区安华里 504 号 A 座）

北京新华印刷有限公司　新华书店经销

2019 年 3 月第 1 版　2019 年 5 月北京第 2 次印刷

开本：710 毫米 × 1000 毫米 1/16　印张：13.50

字数：207 千字

ISBN 978-7-5199-0524-8　定价：59.00 元

邮购地址 100011　　北京市朝阳区安华里 504 号 A 座
电话（010）64217619　64217612（发行中心）

版权所有·侵权必究

凡购买本社图书，如有印制质量问题，我社负责调换。

打好脱贫攻坚战，关键在人，在人的观念、能力、干劲。贫困地区最缺的是人才。近年来，我们向贫困地区选派了大批干部和人才，但从长远看，无论怎么加强外部人才支持，派去的人总是有限的，关键还是要靠本地干部队伍和人才。今年，要突出抓好各级扶贫干部学习培训工作，中央层面要重点对省级负责同志开展轮训，省、市、县都要加大干部培训力度，分级安排培训活动。各级培训方式要有所区别，突出重点。对县级以上领导干部，重点是提高思想认识，引导树立正确政绩观，掌握精准脱贫方法论，培养研究攻坚问题、解决攻坚难题能力。对基层干部，重点是提高实际能力，要多采用案例教学、现场教学等实战培训样式，培育懂扶贫、会帮扶、作风硬的扶贫干部队伍，增强精准扶贫精准脱贫工作能力。要吸引各类人才参与脱贫攻坚和农村发展，鼓励大学生、退伍军人、在外务工经商等本土人才返乡担任村干部和创新创业。要关心爱护基层一线扶贫干部，让有为者有位、吃苦者吃香、流汗流血牺牲者流芳，激励他们为打好脱贫攻坚战努力工作。

（《习近平扶贫论述摘编》，中央文献出版社2018年版，第52—53页）

导　读
INTRODUCTION

《脱贫攻坚干部培训十讲》以习近平总书记关于扶贫工作的重要论述为指引，根据中共中央、国务院《关于打赢脱贫攻坚战的决定》《关于打赢脱贫攻坚战三年行动的指导意见》的精神和中共中央组织部、国务院扶贫办《关于聚焦打好精准脱贫攻坚战　加强干部教育培训的意见》的要求，根据贫困地区党政领导干部、部门行业干部、扶贫系统干部、帮扶干部、贫困村干部分类分级培训对基本教材的需要，由国务院扶贫办安排政策法规司、全国扶贫宣传教育中心组织编写。该书主要是对新时代脱贫攻坚的基本问题、基本政策进行阐释和解读，旨在为各地开展脱贫攻坚干部培训提供一本基础性教材。全书分为十讲。

第一讲，主要介绍贫困的基本内涵、中国扶贫开发的历程、中国特色扶贫开发道路的探索以及中国特色扶贫理论的形成，帮助扶贫干部把握中国扶贫理论形成的历史脉络和主要内容，增强对中国扶贫开发的理论认知。

第二讲，对在2015年11月发布的《关于打赢脱贫攻坚战的决定》和2018年6月发布的《关于打赢脱贫攻坚战三年行动的指导意见》这两个中央政策文件进行解读，帮助读者理解中央关于脱贫攻坚的决策部署。

第三讲，紧紧围绕精准扶贫精准脱贫方略，梳理了其形成过程和基本内涵，阐述了"六个精准""五个一批"以及解决"四个问题"的基本内容、政策体系、逻辑关系以及实践进展。

第四讲，依据中央出台政策文件与实施方案，对脱贫攻坚的制度体系内在结构、主要内容进行系统介绍。第一，介绍了扶贫开发管理体制、主体责任体制、帮扶责任体制三个方面的责任体系；第二，阐释了以精准扶贫、精准脱贫政策及脱贫攻坚配套政策为主的政策体系；第三，阐述了财政、金融、土地的投入体系；第四，从社会动员、宣传、干部培训三个方面论述了社会动员与培训体系；第五，简要介绍了监督体系的基本情况；第六，介绍了考核体系的主要内容、基本方法与成果运用。

第五讲，主要依据《关于打赢脱贫攻坚战三年行动的指导意见》等重要文件，对中央层面的脱贫攻坚政策体系进行简要介绍，为把握其基本内容、内在结构、现实目标提供指引。第一，对"五个一批"到村到户精准扶贫政策进行逐项论述；第二，阐述脱贫攻坚重点地区和特殊群体的针对性倾斜政策；第三，分析脱贫攻坚基础设施建设的支持政策；第四，介绍动员社会力量参与脱贫攻坚的政策措施。

第六讲，主要介绍产业扶贫的概念及其内涵、产业选择的思路和方法、扶贫产业发展效果评估的指标体系、效果评估的步骤和方法。最后结合脱贫攻坚与乡村振兴战略，探讨产业扶贫未来发展的方向。

第七讲，主要阐述了资产收益扶贫的概念、原理、资产类型、实施对象、受益机制等基本问题，并对当前我国资产收益扶贫的实践效果进行总结和评价，提出资产收益扶贫面临的问题挑战以及进一步的发展方向。

第八讲，结合习近平总书记关于扶贫扶志的重要论述，阐述扶贫扶志的基本内涵、基本原理，展示当前阶段扶贫扶志的实现路径与主要模式，为进一步推进打赢脱贫攻坚战提供经验启示。

第九讲，主要介绍贫困村精准扶贫的基本工作程序、社区贫困的调研与分析方法以及村组层次扶贫方案的选择，帮助提升扶贫干部对精准扶贫的认知和实务能力，因地制宜地做好贫困村精准扶贫工作。

第十讲，基于兰考经验，探讨县域脱贫攻坚的几个关键问题，重点是依据兰考成功实现脱贫摘帽案例，介绍县域脱贫攻坚的认识体系、思路与方法、政策体系以及治理体系等几个方面的问题。

目录
CONTENTS

SPEAK 1 第一讲　**中国扶贫理论概述** \ 001
第一节　贫困的基本内涵 \ 001
第二节　中国扶贫的实践历程 \ 005
第三节　中国特色扶贫开发道路的探索 \ 009
第四节　中国特色扶贫理论的形成 \ 012
思考题 \ 021
扩展阅读 \ 021

SPEAK 2 第二讲　**脱贫攻坚的决策部署** \ 022
第一节　脱贫攻坚的主要背景 \ 023
第二节　脱贫攻坚的决策部署 \ 028
第三节　脱贫攻坚决策部署的新要求 \ 031
思考题 \ 037
扩展阅读 \ 037

SPEAK 3 第三讲　**精准扶贫精准脱贫方略** \ 038
第一节　精准扶贫精准脱贫概述 \ 038
第二节　精准扶贫精准脱贫的根本要求 \ 040
第三节　精准扶贫精准脱贫的实现路径 \ 047
第四节　精准扶贫精准脱贫的核心目标 \ 052
思考题 \ 055
扩展阅读 \ 055

SPEAK 4 第四讲　脱贫攻坚制度体系 \ 056

第一节　脱贫攻坚制度体系概述 \ 056

第二节　脱贫攻坚责任体系 \ 057

第三节　脱贫攻坚政策体系 \ 059

第四节　脱贫攻坚投入体系 \ 062

第五节　社会动员与宣传培训体系 \ 064

第六节　脱贫攻坚监督体系 \ 066

第七节　脱贫攻坚考核体系 \ 067

思考题 \ 071

扩展阅读 \ 071

SPEAK 5 第五讲　脱贫攻坚政策概览 \ 072

第一节　"五个一批"精准扶贫政策 \ 072

第二节　攻克深度贫困的政策体系 \ 077

第三节　基础设施支持政策 \ 080

第四节　社会帮扶措施 \ 082

思考题 \ 085

扩展阅读 \ 085

SPEAK 6 第六讲　产业扶贫 \ 086

第一节　产业扶贫的概念和内涵 \ 086

第二节　产业扶贫中产业选择的思路与方法 \ 089

第三节　扶贫产业发展的效果评估 \ 093

第四节　产业扶贫风险如何防范和降低 \ 096

第五节　产业扶贫未来发展方向 \ 100

思考题 \ 106

扩展阅读 \ 106

目 录

SPEAK 7 第七讲 | **资产收益扶贫 \ 107**
第一节　资产收益扶贫的概念与基本理论　\ 107
第二节　资产收益扶贫的资产类型　\ 111
第三节　资产收益扶贫的收益方式和运行机制　\ 114
第四节　资产收益扶贫的效果及特点　\ 117
第五节　资产收益扶贫面临的挑战及发展方向　\ 121
思考题　\ 124
扩展阅读　\ 124

SPEAK 8 第八讲 | **扶贫扶志 \ 125**
第一节　扶贫扶志的基本内涵　125
第二节　扶贫扶志的基本原理　\ 128
第三节　扶贫扶志的实现路径与主要模式　\ 132
思考题　\ 136
扩展阅读　\ 136

SPEAK 9 第九讲 | **贫困村精准扶贫实务 \ 137**
第一节　精准扶贫的基本工作程序　\ 141
第二节　社区贫困的调研与分析方法　\ 141
第三节　村级精准扶贫方案的选择　\ 147
思考题　\ 157
扩展阅读　\ 157

SPEAK 10 第十讲 | **县域脱贫攻坚——兰考的实践 \ 158**
第一节　兰考实现脱贫摘帽的历程　\ 159
第二节　兰考谋划与推进县域脱贫攻坚的主要做法　\ 161
第三节　兰考脱贫摘帽成果及其启示意义　\ 171

III

思考题 \ 174
拓展阅读 \ 174

附录

中共中央、国务院 关于打赢脱贫攻坚战三年行动的指导意见 \ 176
中共中央组织部、国务院扶贫办 关于聚焦打好精准脱贫攻坚战
　加强干部教育培训的意见 \ 197

后记

203

第一讲　中国扶贫理论概述

【导　读】新中国成立以来，我国扶贫开发工作取得了举世瞩目的成就，贫困人口数量大幅减少，贫困地区的面貌得到根本改善。在长期的扶贫开发实践中，党和政府不断更新扶贫理念、完善扶贫战略、创新扶贫机制，逐步探索出一条中国特色的扶贫开发道路，形成和发展了具有中国特色的扶贫开发理论体系。本讲主要介绍贫困的基本内涵、中国扶贫开发的历程、中国特色扶贫开发道路的探索以及中国特色扶贫理论的形成，帮助扶贫干部把握中国扶贫理论形成的历史脉络和主要内容，增强对中国扶贫开发的理论认知。

第一节　贫困的基本内涵

一、贫困的界定

贫困是一个动态的、历史的概念。人类对于贫困的认知经历了由单一维度向多维度的发展过程，即由收入贫困概念拓展到涵盖收入、能力、权利、福利以及心理感知等多方面贫困的概念。

早期的贫困内涵大多从经济意义上理解，即物质生活资料匮乏，强调物质生活资料和收入的绝对数量，它以收入和消费为主要关注的指标，与人类基本生存要素的不足有关。从这个意义上说，贫困是指总收入水平不足以获得仅仅维持身体正常功能所需的最低生活必需品。[①] 国家统计局指出："贫困

[①] B. S. Rowntree, R. Hunter. Poverty: "A Study fo Town Life", *Charity Organisation Review*, 1902, 11 (65).

一般是指物质生活困难，即一个人或一个家庭的生活水平达不到一种社会可接受的最低标准。他们缺乏某些必要的生活资料和服务，生活处于困难境地。"[1]

随着时间和空间的推移以及人们思想观念的变化，单一关注收入和消费的贫困含义遭到了较多的质疑。此后，个人能力和社会公平也被纳入贫困界定中，贫困的度量也更倾向于运用相对指标。20世纪70年代以来，贫困研究不仅仅关注于物质，还关注于资本、尊严、权利、机会等多方面，能力贫困、权利贫困等概念的提出与广泛运用是这一时期贫困研究延伸与丰富的具体体现。

随着研究的深入，学者们对贫困与风险、贫困与脆弱性、贫困与社会排斥有了更深刻的认识，贫困必然意味着抗风险能力的弱化以及社会排斥的衍生，减贫一定要把降低脆弱性和社会排斥作为重要的目标和内容。世界银行认为，"贫困是风险、面临风险时的脆弱性以及不能表达的自身需求和影响力"。[2] 联合国开发计划署提出"人文贫困"的概念，极大地拓展了人们对贫困的理解空间——贫困被定义为缺乏人类发展所需的最基本的机会和选择，包括"健康长寿的生活被剥夺、知识的匮乏、体面的生活的丧失以及缺少参与等"。

贫困的内涵经历了一个从狭义向广义不断拓展的过程，即由收入贫困向能力贫困、权利贫困、人文贫困拓展；从注重物质贫困研究向精神贫困的转变；从单一性指标向复合性指标衡量的转变。我国对贫困的认定，实际上坚持了多维贫困的观点，除了以贫困线作为衡量标准之外，也兼顾了教育水平、健康状态、居住条件等多方面的指标。

二、贫困的特性

从宏观的角度看，贫困具有以下几个普遍性的特性：

（一）从历史演进的角度看，贫困呈现出动态性、历史性

虽然在某个时期贫困是静态的，但从纵向或历史演进的角度看，它是一个动态的、历史的概念。随着客观环境，尤其是经济发展水平的变化以及公众对最低生活水平理解的变化，贫困及其表现相应变化。同一时期的不同国家，

---

[1] 叶普万：《贫困概念及其类型研究述评》，《经济学动态》2006年第7期。
[2] 世界银行：《1990年世界发展报告》，中国财政经济出版社1990年版。

由于生产力水平的差异，对贫困的衡量标准不同。同一国家的不同历史发展阶段，贫困的标准和界定也因生产力发展水平的不同而有所不同。

（二）从贫困成因和表现形式看，贫困表现为复合性和多元性

贫困与"落后"或"困难"联系在一起，它包括"经济、社会、文化"乃至"肉体的和精神的"各个方面。一般来说，随着人们对贫困成因和性质的认知变化，贫困的多元性特征更加突出。除了人均收入水平外，教育水平、健康状况、卫生条件等指标也可以用来刻画贫困特征。

（三）从贫困衡量标准及其界定看，贫困具有公众普遍认可的客观社会性

贫困是低于"最低"或"最起码"的生活水准，这种"最低"或"最起码"是得到社会普遍认可的。贫困标准的制定，就是根据社会公众认可的标准开出的维持最低生活需要的一张"清单"。

（四）从贫困的实质看，贫困的核心是能力欠缺

从表象上看，贫困首先表现为"低收入"，但就其实质看，是缺乏"手段"和"能力"，是能力贫困。

三、贫困的分类

依据反映生存状态的生活质量指标，贫困表现为绝对贫困与相对贫困、狭义贫困和广义贫困、长期贫困与短期贫困。根据贫困的成因，表现为制度性（结构性）贫困、区域性贫困和阶层性贫困三大类。[①] 从扶贫战略研究角度进行分类，贫困可以归结为两种类型：一种是资源或条件制约型贫困，它通常表现为宏观上的区域性贫困；另一种是能力约束型贫困，它通常表现为个体贫困。当然，还可以根据两种贫困的制约程度的不同，将贫困细化为若干亚贫困类型。

（一）绝对贫困和相对贫困

绝对贫困又称生存贫困，是指在一定的社会生产和生活方式下，个人或家庭依靠劳动所得或其他收入不能维持最基本的生存需求，衣食不得温饱，劳动力本身再生产难以维持。

---

① 康晓光：《中国贫困与反贫困理论》，广西人民出版社 1995 年版。

相对贫困是指比较而言的贫困，一方面指随着时间变迁和不同社会生产、生活方式下贫困标准变化而产生的贫困，另一方面指在同一时期不同社会成员和地区之间的差异而言的贫困。

（二）狭义贫困和广义贫困

狭义贫困仅指经济意义上的贫困，即生活不得温饱，生产难以维持，是一个传统的经济学范畴。在国际上通常采用恩格尔系数去判定人们生活水平的高低或贫富的层次。恩格尔系数是指人们全年食物支出金额与总支出金额的比率。即：

恩格尔系数＝全年食物支出金额／总支出金额

依据这个系数，联合国提出了一个划分贫困与富裕的标准，即恩格尔系数在 60% 以上者为贫困，50%~59% 的为温饱，40%~50% 的为小康，30%~40% 的为富裕，30% 以下的为最富裕。[1]

广义的贫困除狭义贫困的内容外，还包括社会、文化等意义上的贫困，以及营养不足（营养不良）、人口平均寿命短、婴儿死亡率高、文盲人数众多等。[2]

（三）长期贫困与短期贫困

短期贫困是指处于贫困状况的一部分人从收入上看低于贫困线，但他们由于储蓄或能够借钱，消费水准却高于贫困线。这种贫困是由于自然灾害、疾病或其他突发性事件造成的。贫困持续时间一般为几个月或少于 1 年。

与短期贫困相比而言，长期贫困是指处于贫困状况的这部分人，他们无论是收入还是消费都低于贫困线，没有储蓄，也无法借钱来维持高于贫困线的消费水平。它具有的特征是这种贫困状态已经存在了很长时间，或经过长时间仍不能脱贫，其持续时间至少是 5 年以上，虽经扶贫也难以脱贫。[3]

（四）制度性贫困、区域性贫困和阶层性贫困

根据生活质量的决定因素或贫困成因可以将贫困分为三种类型：制度性（结构性）贫困、区域性贫困和阶层性贫困。[4]

---

[1] 朱力：《社会问题概论》，社会科学文献出版社 2002 年版。
[2] 王尚银：《中国社会问题研究引论》，浙江大学出版社 2005 年版。
[3] 世界银行：《1990 年世界发展报告》，中国财政经济出版社 1990 年版。
[4] 康晓光：《中国贫困与反贫困理论》，广西人民出版社 1995 年版。

制度性贫困是指由于社会制度决定了生活资源在不同地区、不同区域、不同群体和个人之间的不平等分配，从而导致了特定地区、区域、群体或个人处于贫困状态。区域性贫困是指在相同的制度安排下，由于各个地区在自然条件和社会发展程度方面的差异，从而导致特定区域生活资源供给的相对缺乏，贫困人口相对集中。阶层性贫困是指在相同的制度安排下，在大约均质的空间区域或行政区划内，某些群体、家庭或个人，由于身体素质较差、文化程度不高、家庭劳动力少、生产资料不足、缺少社会关系等原因，导致获取生活资源的能力较差，从而陷于贫困状态。

（五）资源或条件制约型贫困和能力约束型贫困

资源或条件制约型贫困分为边际土地型贫困和资源结构不合理型贫困，更多的是从宏观层面来体现资源在区域上的分布不均。能力约束型贫困是指丧失劳动能力导致的贫困和缺乏专业技能引起的贫困，更多体现的是微观层面的个体间的素质差异和机会的不均等。

第二节　中国扶贫的实践历程

回顾中国的扶贫历程，可根据社会发展与减贫政策的变化细分成以下几个时期。

一、新中国成立后反贫困的探索（1949—1978年）

新中国成立初期，饱经战争蹂躏的中国大地百废待举，经济社会形势十分严峻，贫困与落后是我国最基本的国情。如何改善经济困难、巩固新兴共和国的国家政权是党和政府的当务之急。由于各种内部和外部的限制，深度和全面的反贫困政策难以得到推广，在那个时期，反贫困的根本任务是如何让人民群众吃得起饭、穿得起衣，如何让人民达到生产上的自给自足，给人民群众提供最基本的生存保障，并努力让人们的追求从"生存"提升到"生活"。

在农村反贫困方面，共同富裕理念的提出，指引了广大农民的合作化建设，标志着创建共同富裕之路新实践的开始。试图通过办合作社，达到增产增收、消除农村贫富的两极分化、缓解贫困问题，最终实现共同富裕的理想；同时，还加强了农村的基础设施建设，加大了在农村教育、医疗方面的投入，提高了社会保障的标准，具体表现在革除生产资料私有制、建立农村集体经济、促进就业、增加收入、建立合作医疗制度和卫生防疫制度、建立"五保户"制度、实行储备粮制度等方面。这些举措均给解决贫困问题提供了很大的助力。

二、改革开放时期反贫困的实践（1978—1985年）

1978年党的十一届三中全会上，党中央正式宣布在全国开始全面推行改革开放战略，强调了发展生产力对扶贫和经济发展的重要性。为了从根本上解决广大农民的生存问题、解放农村经济发展的潜力，彻底的经济制度改革迫在眉睫，中国以体制改革为开端，展开了一系列新的反贫困实践。

（一）农村体制改革

1979年，在中共中央的领导下，我国政府开始逐步推动以家庭联产承包为主的责任制来代替以人民公社为主的集体经营体制的改革。在家庭联产承包责任制的有关规定中，集体仍享有土地的所有权，但"分田包产到户，自负盈亏"，即将土地的经营权按户均分给农民，交由各家各户自主经营。它的推行使农民享有了农业生产的自主权，激发了他们的劳动积极性，刺激了竞争意识，释放了农村生产力。与新中国成立初期的救济式扶贫政策不同，相较于救济式扶贫短期、小范围、暂时性的特点，改革开放后的扶贫政策是大规模的，它建立在农村经济体制改革的基础上，将扶贫工作从农村救济中分离出来，通过解放生产力，拉动经济发展，将每一户、每一人都拉进自主性生产的大潮里，从根本上扭转了农村的经济发展形势。

（二）农产品购销制度改革

政府同时对市场制度进行了一系列改革与调整，除了家庭联产承包责任制的实施，还大力推进农贸市场的改革。农产品的增产激发了市场的活力，在有序竞争的前提下，政府鼓励开发和解放市场的自由度，放宽和调整对农产品的价格约束。市场机制对农村经济的配置及推动产生了巨大的作用。自由、活跃的市场带来了更多的交易机会和收入，将众多农民拉出了贫困线，甚至脱贫致富。

（三）开发式扶贫

在1978年到1985年这一阶段，我国主要采取的是以区域开发为特色的开发式扶贫方式，重点是农村经济改革和小规模的区域扶贫，在实行家庭联产承包责任制的基础上，改善贫困地区的生活和生产条件，通过加强基础设施建设、完善公共服务、提高社会保障等手段来提高贫困地区的生产水平、以刺激经济发展来解决贫困问题。同时，政府设立了专项资金向贫困地区提供财政支持，如1980年设立的"支持经济不发达地区发展资金"，对部分极度贫穷地区进行重点帮扶等。

（四）其他改革政策的推广

在进入改革开放时期之后，我国推行了一系列的社会政策，这些政策都直接或间接地促进了我国反贫困事业的发展。（1）鼓励发展乡镇企业。改革开放后，乡镇企业的兴起与发展改变了农村的产业结构，使部分农村摆脱了以农业为主的单一生产方式，逐渐发展起工业、服务业等第二、第三产业，带动了当地经济的发展，提供了更多的就业岗位，减少了贫困人口的数量。（2）逐步开放对劳动力输出的限制。在各级政府的统一管理下，允许农民进城开店设坊，兴办服务业，提供各种劳务。对农村劳动力输出限制的放宽，是符合我国当时国民经济发展趋势的，对劳动力的分配进行了合理的控制与疏导，同时也扩大了农村贫困人口的就业途径和就业辐射范围，很大程度上减轻了农村的贫困问题。除了以上两大综合性扶贫政策的推广以外，党中央和各级政府还采取了其他一系列相对有针对性的政策来解决贫困问题。

三、经济快速发展时期的开发式扶贫（1986—2000年）

从20世纪80年代中期开始，我国的反贫困事业进入了大规模开发式扶贫的全新阶段。开发性扶贫成了这一时期的主导战略，根据政策的侧重变化与规模发展，其又可分为区域开发式扶贫和"造血"式综合扶贫攻坚两个阶段。

(一)区域开发式扶贫阶段(1986—1993年)

区域开发式扶贫最重要的特点是有针对性的区域集中。这一时期制定了贫困标准,选取瞄准最需要帮扶的困难地区。以"促进区域经济增长"作为主要战略,投入专项资金、实行对口帮扶、加大产业化项目投资、制定区别化的减贫策略,将扶贫与发展结合起来,培养地区的自我发展能力,使其经济能得到可持续性的发展。

(二)综合性扶贫攻坚阶段(1994—2000年)

1994年3月,《国家八七扶贫攻坚计划(1994—2000年)》的颁布,标志着综合性扶贫攻坚战略的展开。根据《国家八七扶贫攻坚计划(1994—2000年)》的精神,我国继续发展开发式扶贫工作,在国家的领导和帮助下,紧盯市场动向,依靠科学技术改善并合理利用本地的有利资源,因地制宜,发展商品生产,以达到自力更生、脱贫致富。

四、21世纪的扶贫攻坚(2001年至今)

为了顺应时代发展的要求、紧跟经济腾飞的脚步,2001年11月27—28日,中央扶贫开发工作会议在北京召开,颁发了《中国农村扶贫开发纲要(2001—2010年)》(以下简称《纲要》),并全面部署了《纲要》的贯彻落实工作,力求"消灭贫穷,达到共同富裕",让贫困人群实现"不愁吃,不愁穿,保障其义务教育基本医疗和住房"。在《纲要》的精神指引下,在全面建设小康社会背景下的扶贫攻坚工作也采取了一系列卓有成效的新措施,以整村推进、农村劳动力转移培训和产业化扶持为三大重点。除上述三种主要的重点工程以外,政府还同时实施就业促进、小额贷款、自愿移民、以工代赈等扶贫模式,相互配合、相互促进,进一步完善农村的立体化扶贫系统以推动扶贫事业的发展。2010年制定了《中国农村扶贫开发纲要(2010—2020年)》,确定了集中连片特殊困难地区是扶贫攻坚的主战场,还相继制定和出台了14个《集中连片特殊困难地区区域发展与扶贫攻坚规划》。

党的十八大以来,我国的扶贫开发进入精准扶贫、精准脱贫的攻坚阶段。

精准扶贫是我国新时期扶贫开发工作的重大转型。2013年，习近平总书记在湖南考察时指出，扶贫要实事求是，因地制宜；要精准扶贫，切忌喊口号，也不要定好高骛远的目标等重要指示，创造性地提出了精准扶贫这一理念。随后，中共中央办公厅印发《关于创新机制扎实推进农村扶贫开发工作的意见的通知》，国务院办公厅出台《关于印发〈建立精准扶贫工作机制实施方案〉的通知》《关于印发〈扶贫开发建档立卡工作方案〉的通知》，对精准扶贫工作模式的顶层设计、总体布局和工作机制等方面都作了详尽规制，推动了精准扶贫的全面开展。

作为一个拥有世界最多人口的发展中国家，我国扶贫工作面临着许多的困难：人口基数大、工业化起步晚、城乡差距悬殊等，但经过新中国成立后近七十年的不懈努力，我国的扶贫事业取得了巨大的成就，也加速了全球减贫的进程。

第三节　中国特色扶贫开发道路的探索

在长期的扶贫开发中，党和国家领导人立足于国情，不断深化、完善我国扶贫理念、扶贫策略、扶贫模式、扶贫方式，逐步探索出一条具有中国特色的扶贫开发道路。

一、扶贫理念的发展

新中国成立之初，经济、社会极度落后，以毛泽东同志为核心的第一代中央领导集体为了使中国尽快摆脱贫困，在社会主义改造和社会主义建设中在消除贫困方面做了有益的探索，提出了共同富裕思想，为新中国扶贫理论的形成奠定了坚实的基础。

改革开放之初，我国绝大多数农村仍然处于贫困状态。邓小平同志在总结毛泽东时代历史经验教训的基础上，把反贫困问题上升到社会主义本质的高度来认识，进一步深化了毛泽东主席的共同富裕思想。邓小平主张将农村经济的发展、农民生活水平的提高与中国经济的发展、摆脱贫困紧密结合起来。① 邓小平以解放思想、实事求是的态度，纠正了脱离实际单纯强调"同步富裕"的错误倾向，对于贫困问题的认识和思考更为深刻。中国政府在总结扶贫实践的基础上，制定了开发式扶贫的战略及政策，对扶贫开发的意义、策略、主体等做出了适应时代、国情的深刻阐释。

随着"国家八七扶贫攻坚计划"的完成，中国已基本解决了农村贫困人口的温饱问题，中央领导集体从科学发展观的战略高度深化了扶贫开发理论，将扶贫开发的目标和战略提升到关乎科学发展观的贯彻落实、关乎社会主义和谐社会的构建、关乎全面建设小康社会的宏伟目标的高度考虑，对中国扶贫开发提出了更高要求，将扶贫开发的重要性和目标置于更广阔、更深刻的历史背景中，为21世纪的扶贫开发做出了重要贡献。

进入2011年以后，随着扶贫开发实践的不断深入，我国扶贫情势也进一步发生变化。党的十八大以来，习近平总书记多次深入贫困地区指导扶贫工作，深刻阐明了我国扶贫开发工作所面临的重大理论和实际问题，以创新思维提出了一系列符合新时期扶贫开发工作需要的新理论。2015年11月，习近平总书记在中央扶贫开发工作会议全面论述了扶贫开发重大理论和实践问题，从战略和全局高度，深刻凝练脱贫攻坚的重大意义，精辟分析脱贫攻坚的形势任务，系统阐述"六个精准""五个一批""四个切实"等重要思想，为扶贫攻坚的最后胜利和全面建成小康社会指明了方向。

二、扶贫策略的演进

在扶贫策略方面，我国实现了由大水漫灌式整体扶贫向区域瞄准式重点扶贫再向滴灌式精准扶贫的转变。

20世纪80年代中期，部分农村地区凭借自身的发展优势实现了经济增长，但仍有一些偏远地区发展滞后。1986年，国家确立了通过项目带动地方

---

① 黄承伟、刘欣：《新中国扶贫思想的形成与发展》，《国家行政学院学报》2016年第3期。

经济发展，进而帮助贫困人口脱贫的扶贫策略。这种以区域经济发展带动农户脱贫的模式在一定时期内取得了明显效果，但是到2000年以后情况发生变化，扶贫资金的投入没有带来贫困人口的同步减少，区域性扶贫政策的减贫效应逐渐降低。为了提升扶贫效果，确保贫困人口真正受益，2001年，国务院颁布并实施《中国农村扶贫开发纲要（2001—2010年）》，将扶贫开发的重点从贫困县转向贫困村，开展专项扶贫。专项扶贫的优势在于扶贫的瞄准对象由贫困县转移到贫困村，针对贫困村的发展短板，因村施策，让贫困村参与到扶贫规划方案的制订和实施中，进一步提高扶贫的科学性和有效性。党的十八大以来，党和政府提出了精准扶贫、精准脱贫方略，要求在脱贫攻坚中做到"六个精准"，提高脱贫攻坚的针对性、有效性、精准性。

三、扶贫格局的建构

在扶贫格局上，我国经历了政府主导式扶贫到"三位一体"大扶贫格局的转变。

在传统的扶贫模式中，政府占绝对主导的地位，扶贫资金主要来源于中央政府和省级政府的财政投入，企业、行业、社会发挥的作用较小。随着扶贫开发的推进，构建政府、市场、社会协同的"三位一体"大扶贫格局理念逐渐形成。在"三位一体"大扶贫格局下，专项扶贫、行业扶贫、社会扶贫有机结合、互为支撑，充分调动了多元主体的力量，为扶贫开发注入了活力。我国扶贫开发注重扶贫对象的参与，重视帮扶对象的能力建设，实现帮扶对象从被动接受到主动参与的转变，充分调动帮扶对象的积极性和主动性，推动贫困群体参与式发展。

四、扶贫方式的转变

在扶贫方式上，我国实现了由救助式扶贫向开发式扶贫，再向扶贫开发与社会保障相结合的转变。

新中国成立以后，国家通过工业化和合作化，推动经济社会发展来缓解整体贫困。在具体的扶贫方式上，构成了以"输血"为特征的救济式扶贫。

但是"输血式"扶贫无法根除贫困之源，贫困人口被动接受救济也不利于贫困地区自我发展以及贫困人口能力提高。[①]1986年，我国开始在全国农村范围内开展有组织、有计划、大规模的扶贫开发工作，改变传统输血式的扶贫方式，实现造血式扶贫，也称为开发式扶贫。开发式扶贫调动了贫困人口的主体性，在一定程度上解决了贫困地区、贫困人口"等、靠、要"的依赖思想。但是，开发式扶贫也有弊端，最主要的一点就是难以有效覆盖贫困地区老、弱、病、残等缺乏自我发展能力的特殊人群。2007年7月，我国在全国农村全面施行最低生活保障制度。2011年12月，中共中央、国务院印发的《中国农村扶贫开发纲要（2011—2020年）》提出，"坚持开发式扶贫方针，实行扶贫开发和农村最低生活保障制度有效衔接。把扶贫开发作为脱贫致富的主要途径，把社会保障作为解决温饱问题的基本手段，逐步完善社会保障体系"。这标志着中国扶贫开发正式进入"两轮驱动"的新阶段。

第四节 中国特色扶贫理论的形成

在长期的扶贫开发实践中，党和政府通过不断更新扶贫理念、科学制定扶贫战略、持续实施扶贫计划、创新扶贫政策机制，逐步探索出一条中国特色扶贫开发道路，形成和发展了具有中国特色的扶贫开发理论体系。

一、中国特色扶贫理论的基础

我国扶贫理论的创新与发展具有坚实的理论基础。社会主义本质论、共同富裕论、小康社会论、人类命运共同体论为我国扶贫理论的创新提供了理论指导。

---

① 世界银行：《1990年世界发展报告》，中国财政经济出版社1990年版。

（一）社会主义本质论

社会主义从诞生之日起，便把消除贫困、实现社会公正作为目标与理想，马克思主义更是指出了实现这一理想的现实道路，从而将社会主义从空想变成科学，并付诸伟大的社会实践。习近平总书记指出，扶贫开发要始终以消除贫困为首要任务，以改善民生为基本目的，以实现共同富裕为根本方向，坚定不移地推进我国扶贫开发事业，从而充分体现社会主义制度的优越性。他多次强调，贫穷不是社会主义。如果贫困地区长期贫困，面貌长期得不到改变，群众生活水平长期得不到明显提高，那就没有体现我国社会主义制度的优越性，那也不是社会主义。做好扶贫开发工作，支持困难群众脱贫致富，帮助他们排忧解难，使发展成果更多、更公平地惠及全体人民，是我们党坚持全心全意为人民服务根本宗旨的重要体现，也是党和政府的重大职责。

（二）共同富裕论

共同富裕是中国特色社会主义的本质要求、奋斗目标和根本原则，也是中国特色社会主义理论体系中的重要基石。偏离了"共同富裕"原则的导向，中国特色社会主义理论体系的基础就不复存在。习近平总书记指出，消除贫困、改善民生、逐步实现共同富裕是社会主义的本质要求，是我们党的重要使命。要实现共同富裕，重点在农村、困难也在农村。对此，习近平总书记指出，全面建成小康社会，最艰巨最繁重的任务在农村，特别是在贫困地区。没有农村的小康，特别是没有贫困地区的小康，就没有全面建成小康社会。脱贫攻坚已经到了啃硬骨头、攻坚拔寨的冲刺阶段，必须以更大的决心、更明确的思路、更精准的举措、超常规的力度，众志成城实现脱贫攻坚目标，决不能落下一个贫困地区、一个贫困群众。

（三）小康社会论

党的十八大根据中国经济社会发展情况，作出在2020年实现全面建成小康社会宏伟目标的重大决策。如果说"全面小康与中国梦相互激荡，凝聚为全社会的'最大公约数'"，那么，扶贫、脱贫则是全面小康的"最后一公里"。① 习近平总书记多次强调，"小康不小康，关键看老乡"，"全面建成小康社会、实现第一个百年奋斗目标，农村贫困人口全部脱贫是一个标志性指标"，"全面建成小康社会，关键是要把经济社会发展的'短板'尽快补上，否则就会贻误全局"，"必须动员全党全国全社会力量，向贫困发起总攻，确保到2020年所有贫困地区和贫困人口一道迈入全面小康社会"。这些论述深刻指出，全面建成小康社会，不仅要从总体上、总量上实现小康，更重要的是让农村和贫困地区尽快赶上来，逐步缩小这些地区同发达地区的差距，让小康惠及全体人民。全面建成小康社会最艰巨最繁重的任务在农村，特别是在贫困地区，贫困地区各级党委和政府要把扶贫工作摆到更加突出的位置，把脱贫作为全面建成小康社会的底线目标，以更加有力的举措、更加有效的行动打好脱贫攻坚战，确保贫困地区同全国一道进入全面小康社会。

（四）人类命运共同体论

中国的减贫成就彰显了"四个自信"，是国家重要的软实力。开展减贫合作彰显中国人民重友谊、负责任、讲信义，充分体现中华文化历来具有扶贫济困、乐善好施、助人为乐的优良传统。全球减贫需要更加有效的合作，以减贫合作推进外交具有重要和深远的意义。习近平总书记指出，消除贫困是人类的共同使命。中国在致力于自身消除贫困的同时，始终积极开展南南合作，力所能及向其他发展中国家提供不附加任何政治条件的援助，支持和帮助广大发展中国家特别是最不发达国家消除贫困；中国将发挥好中国国际扶贫中心等国际减贫交流平台作用，提出中国方案，贡献中国智慧，更加有效地促进广大发展中国家交流分享减贫经验；维护和发展开放型世界经济，推动建设公平公正、包容有序的国际经济金融体系，为发展中国家发展营造良好外部环境，是消除贫困的重要条件；加强同发展中国家和国际机构在减贫领域的交流合作，是我国对外开放大局的重要组成部分。这些论述不仅为我国扶贫工作明确了目标，还为如何推进国际减贫合作、增强我国在全球治理中的话语权、树立大国形象指明了方向。

---

① 万鹏：《习近平以数据目标定位"精准扶贫"诠释共享发展理念》，中国共产党新闻网2015年11月24日。

二、中国特色扶贫理论的内容

党的十八大以来，以习近平同志为核心的党中央把脱贫攻坚摆到治国理政突出位置，我国扶贫开发事业取得了历史性的成就，扶贫理论得到新发展。精准扶贫、精准脱贫是习近平总书记对中国扶贫开发实践不断进行科学总结和理论提升而逐步形成并不断完善的理论体系，是我国乃至全球减贫理论的重大创新，为我国脱贫攻坚及今后的扶贫开发事业提供了理论指导和发展方向，为扶贫思想的丰富发展作出了重大贡献。[①] 此外，社会扶贫、教育扶贫、内源扶贫、生态扶贫、资产收益扶贫等思想都是党的十八大以来我国扶贫理论的新发展。

（一）精准扶贫精准脱贫

2013年11月，习近平总书记到湖南湘西考察时首次作出了"实事求是、因地制宜、分类指导、精准扶贫"的重要指示。2014年3月，他在参加全国人民代表大会代表团审议时强调，要实施精准扶贫，瞄准扶贫对象，进行重点施策，进一步阐释了精准扶贫理念。2015年6月，他在贵州召开部分省区市党委主要负责同志座谈会时强调，要科学谋划好"十三五"时期扶贫开发工作，确保贫困人口到2020年如期脱贫，并提出扶贫开发贵在精准，重在精准，成败之举在于精准。2015年11月，中共中央、国务院发布的《关于打赢脱贫攻坚战的决定》把精准扶贫、精准脱贫作为基本方略。

精准扶贫是指"通过对贫困户和贫困村精准识别、精准帮扶、精准管理和精准考核，引导各类扶贫资源优化配置，实现扶贫到村到户，逐步构建精准扶贫工作长效机制，为科学扶贫奠定坚实基础"。[②] 习近平总书记强调，要坚持因人因地施策，因贫困原因施策，因贫困类型施策，区别不同情况，做到对症下药、精准滴灌、靶向治疗，不搞大水漫灌、走马观花、大而化之；各级党委和政府必须增强紧迫感和主动性，在扶贫攻坚上进一步理清思路、强

[①] 黄承伟：《党的十八大以来脱贫攻坚理论创新和实践创新总结》，《中国农业大学学报（社会科学版）》2017年第5期。

[②] 王尚银：《中国社会问题研究引论》，浙江大学出版社2005年版。

化责任，采取力度更大、针对性更强、作用更直接、效果更可持续的措施，特别要在精准扶贫、精准脱贫上下更大功夫；脱贫攻坚一定要扭住精准，做到精准扶贫、精准脱贫，精准到户、精准到人，找对"穷根"，明确靶向；要把脱贫攻坚抓紧抓准抓到位，坚持精准扶贫，倒排工期，算好明细账，决不让一个少数民族、一个地区掉队，确保扶真贫、真扶贫、真脱贫。

（二）坚持党的领导，凝聚各方力量

贫困治理是一项系统工程，涉及经济社会发展的方方面面，必须调动一切可以调动的力量。社会扶贫是指多元行动主体针对贫困人口和社会弱势群体所提供的各种救助、开发以及社会服务活动。社会扶贫具有行动主体的网络互动、行动目标的价值理性、行动内容的需求导向以及行动方式的内源发展等特点。社会扶贫作为一种具有中国本土特色的扶贫模式，有着自身独特的理论、实践及政策背景，它与专项扶贫、行业扶贫构成中国扶贫开发的大扶贫格局。

习近平总书记指出，扶贫开发是全党全社会的共同责任，要动员和凝聚全社会力量广泛参与；"人心齐，泰山移"，脱贫致富不仅仅是贫困地区的事，也是全社会的事；扶贫开发是全党全社会的共同责任，要动员和凝聚全社会力量广泛参与。要坚持专项扶贫、行业扶贫、社会扶贫等多方力量、多种举措有机结合和互为支撑的"三位一体"大扶贫格局；鼓励支持各类企业、社会组织、个人参与脱贫攻坚；要引导社会扶贫重心下沉，促进帮扶资源向贫困村和贫困户流动，实现同精准扶贫有效对接。这些重要论述都体现了社会扶贫是政府、市场、社会新"三位一体"大扶贫格局中的重要一极，社会扶贫在扶贫开发中具有不可替代的作用。

（三）教育扶贫

教育扶贫强调教育在提升人力资本、培育可行能力、摆脱贫困文化中的关键作用。教育扶贫直指导致贫穷落后的根源，通过提升贫困人口文化素质和劳动技能，促进贫困地区社会、经济、文化的协调发展，帮助贫困地区、贫困人口脱贫致富。习近平总书记在2015年中央扶贫开发工作会议中强调，"治贫先治愚，扶贫先扶智"。"治愚"和"扶智"，根本就是发展教育。让贫困地区的孩子们接受良好教育，是扶贫开发的重要任务，也是阻断贫困代际传递

的重要途径。

为充分发挥教育在扶贫开发中的重要作用，深入推进义务教育均衡发展，着力缩小城乡教育差距，全面改善贫困地区的办学条件，切实保障贫困人口受教育权利，促进集中连片特殊困难地区从根本上摆脱贫困，教育部等部门于2013年9月联合发布《关于实施教育扶贫工程的意见》（以下简称《意见》）。《意见》指出："按照党的十八大提出的基本公共服务均等化总体实现和进入人力资源强国行列的目标，加快教育发展和人力资源开发，到2020年使片区基本公共教育服务水平接近全国平均水平。"通过教育扶贫，我国基础教育普及程度和办学质量进一步提升，贫困人口受教育水平和脱贫致富能力不断提高，高等教育服务能力进一步加强。

（四）内源扶贫

内源扶贫是指贫困地区要靠内生动力实现自身发展。内源扶贫强调发展的内生性，贫困地区的发展必须依靠自身的力量。习近平总书记指出，贫困地区发展要靠内生动力，如果凭空救济出一个新村，简单改变村容村貌，内在活力不行，劳动力不能回流，没有经济上的持续来源，这个地方下一步发展还是有问题。扶贫既要富口袋，也要富脑袋。要坚持以促进人的全面发展的理念指导扶贫开发，丰富贫困地区文化活动，加强贫困地区社会建设，提升贫困群众教育、文化、健康水平和综合素质，振奋贫困地区和贫困群众精神风貌。

内源扶贫思想可以从两个方面进行解读：一方面，贫困地区的干部要从自身出发，自力更生。习近平总书记在闽东调研时发现，当地部分干部存在"等、靠、要"的思想，只想国家多拨点资金，多批点项目，自身动力不足。针对这一情况，他指出，扶贫干部有必要摆正一个位置，把解决原材料、资金短缺的关键，放到自己身上来，要把事事求诸人转为事事先求诸己。另一方面，习近平总书记指出，贫困地区要永久地脱离贫困，还得依靠贫困百姓自身，脱贫致富终究要靠贫困群众用自己的辛勤劳动来实现。摆脱贫困首要意义并不仅仅是摆脱物质上的脱贫，还在于摆脱意识和思想的贫困。内源扶贫的思想集中体现了人民群众是历史的创造者，贫困地区的发展、扶贫开发工作要特别尊重贫困群众的主体地位，把激发扶贫对象的内生动力摆在突出位置。

(五)生态扶贫

生态扶贫立足贫困地区生态环境,以生态建设为扶贫载体,以维护生态系统健康、人口资源环境协调发展为目标,在持续利用生态资源基础上发展生态产业、培育生态服务市场,推动贫困地区持续发展和贫困人口脱贫致富。[①]

建设生态文明是关系人民福祉、关乎民族未来的大计,是实现中华民族伟大复兴中国梦的重要内容。2013年5月,习近平总书记在十八届中央政治局第六次集体学习时指出,要正确处理好经济发展同生态环境保护的关系,牢固树立保护生态环境就是保护生产力、改善生态环境就是发展生产力的理念。2013年9月7日,他在哈萨克斯坦演讲时指出,既要绿水青山,也要金山银山。宁要绿水青山,不要金山银山,而且绿水青山就是金山银山;绿水青山既是自然财富,又是社会财富、经济财富。

《"十三五"脱贫攻坚规划》将坚持绿色协调可持续发展作为脱贫攻坚的基本原则之一,要求"牢固树立绿水青山就是金山银山的理念,把贫困地区生态环境保护摆在更加重要位置,探索生态脱贫有效途径,推动扶贫开发与资源环境相协调、脱贫致富与可持续发展相促进,使贫困人口从生态保护中得到更多实惠"。生态扶贫有效回答了在扶贫开发的过程中人与自然和谐发展的问题,强调在扶贫开发的过程中决不能以牺牲环境为代价换取片面的经济增长,决不能贪图眼前的利益而破坏了持续发展的根基。事实上,生态、绿色与开发、发展并不是对立的,而是统一的。生态是被保护的对象,也是可利用的资源,在反贫困的实践中,合理、科学地保护、利用生态资源,将珍贵的生态资源作为反贫困的要素,既有利于扶贫事业的推进,也有利于贫困地区的发展。概括而言,绿色减贫的理念包括两大核心思想:一是在当地实施的扶贫开发项目必须是可持续的,对环境友好的;二是将生态环境看成是一种可资利用的扶贫资源加以有效开发,实现生态环境保护和当地人民生活水平提高的有效统一。[②] 绿色发展、生态扶贫在党的十八大以来形成并发展的扶贫

[①] 沈茂英、杨萍:《生态扶贫内涵及其运行模式研究》,《农村经济》2016年第7期。

[②] 北京师范大学绿色减贫指数课题组:《贵州省绿色减贫指数特点及分析》,《贵州社会科学》2014年第11期。

思想中具有重要的战略位置，是贫困治理必然选择的方向。

（六）资产收益扶贫

资产收益扶贫利用各类资产，借助市场力量为农户获得财产性收入，帮助农户摆脱贫困。①资产收益扶贫以增加贫困人口资产性收益为目标，是资源开发与脱贫攻坚有机结合的新路子。

《中华人民共和国国民经济和社会发展第十三个五年规划纲要》和中共中央、国务院发布的《关于打赢脱贫攻坚战的决定》提出，对在贫困地区开发水电、矿产资源占用集体土地的，试行给原住居民集体股权方式进行补偿，探索对贫困人口实行资产收益扶持制度。《关于打赢脱贫攻坚战的决定》进一步明确要求探索资产收益扶贫，"在不改变用途的情况下，财政专项扶贫资金和其他涉农资金投入设施农业、养殖、光伏、水电、乡村旅游等项目形成资产，具备条件的可折股量化给贫困村和贫困户，尤其是丧失劳动能力的贫困户。"

资产收益扶贫是精准扶贫的重大创新，主要体现在四个方面：一是创新了财政涉农资金供给和使用机制，促进提升了资金使用效益；二是丰富了对无劳动能力或弱劳动能力贫困户的精准扶持措施；三是密切了当地群众与产业发展的利益联结机制，强化了产业发展的辐射带动作用；四是拓宽了贫困村集体收入来源，支持发展壮大贫困村集体经济。②资产收益扶贫是深入贯彻习近平新时代中国特色社会主义思想、不断创新我国扶贫理论的具体体现。

三、中国特色扶贫理论的贡献

中国特色扶贫理论立足于我国社会主义初级阶段的基本国情，把马克思主义基本理论同中国发展的实际和时代特征相结合，系统地回答了中国社会主义现代化的一系列根本问题，具有开放性与兼容性、科学性与前瞻性、实践性与创造性、全面性与整体性等特点。中国特色扶贫理论是关于中国经济

---

① 汪三贵、梁晓敏：《我国资产收益扶贫的实践与机制创新》，《农业经济问题》2017年第9期。
② 财政部：《资产收益扶贫是精准扶贫的重大创新》，http://www.chinadaily.com.cn/micro-reading/2017-07/06/content_30020633.htm，2017年7月6日。

社会发展的科学理论，从理论上和实践上解决了发展中国家现代化进程中面临的一系列理论和实践问题，体现了马克思主义世界观和方法论，是中国特色社会主义理论体系的重要组成部分和新发展，是马克思主义中国化的重大理论发展，是中国特色社会主义道路的重大实践成果。

（一）中国特色扶贫理论是马克思主义中国化的最新成果

中国特色扶贫理论是与中国的具体实践相结合的产物，是马克思主义中国化的最新成果。党的十八大以来，以习近平同志为核心的党中央高度重视扶贫工作，深刻阐述了扶贫开发的紧迫性，吹响了中国扶贫攻坚战的集结号，开创性地提出精准扶贫、精准脱贫的思想和方略。中国特色扶贫理论，一方面继承了马克思主义关于人的全面发展和共同富裕的思想，另一方面紧密结合时代的发展与变化，丰富和深化了马克思主义的贫困治理思想，为马克思主义贫困治理理论的发展做出了贡献。

（二）中国特色扶贫理论为全面建成小康社会奠定了坚实基础

党的十八大以来，以习近平同志为核心的党中央把脱贫攻坚作为全面建成小康社会的重要任务，纳入"五位一体"总体布局和"四个全面"战略布局，摆到治国理政的重要位置。中国特色扶贫理论为全面解决贫困问题指明了正确的道路，更为全面建成小康社会，实现中华民族的伟大复兴指明了方向。

（三）中国特色扶贫理论为全球贫困治理贡献了中国方案

中国是最大的发展中国家，中国的反贫困具有世界意义。中国扶贫开发事业既是中国政府的职责，也是全世界反贫困事业的重要组成部分。中国反贫困特别是消除绝对贫困对世界影响巨大。中国是世界上减贫成效最为显著的国家，中国特色贫困治理基本经验得到了国际社会的高度赞扬和广泛认可。中国特色扶贫理论为当代发展理论的研究开辟了新路，为发展研究特别是发展中国家对自身发展的研究提供了典范，对世界特别是发展中国家的发展具有重要的借鉴意义。

思考题

1. 简述贫困主要有哪些类型。
2. 简述中国的扶贫方式实现了哪些转变。
3. 简述中国特色的扶贫理论包括哪些内容。

扩展阅读

1. 习近平：《摆脱贫困》，福建人民出版社1992年版。
2. 新华社：《中国反贫困斗争的伟大决战》，人民出版社2017年版。
3. 闫坤、刘轶芳：《中国特色的反贫困理论与实践研究》，中国社会科学出版社2016年版。

第二讲　脱贫攻坚的决策部署

【导　读】党的十八大以来，我国扶贫开发工作进入脱贫攻坚新阶段。新时代脱贫攻坚的主要背景既是出于国际减贫形势发展的需要，更是由我国扶贫开发进入新阶段所呈现出的主要特征所决定的。中央对脱贫攻坚的决策部署集中体现在 2015 年 11 月发布的《关于打赢脱贫攻坚战的决定》和 2018 年 6 月发布的《关于打赢脱贫攻坚战三年行动的指导意见》这两个文件。本讲主要是对这两个中央文件进行解读，帮助读者理解中央关于脱贫攻坚的决策部署。

　　党的十八大以来，在习近平总书记关于扶贫工作的重要论述指引下，党中央全面深化扶贫领域改革，创新扶贫思路举措和体制机制，2015 年 11 月中共中央、国务院发布《关于打赢脱贫攻坚战的决定》(以下简称《决定》)，全面部署"十三五"脱贫攻坚工作。以习近平总书记到河北阜平县看真贫和在湖南花垣县提出精准扶贫为起点，以党的十八届五中全会和中央扶贫开发工作会议决策部署为标志，我国扶贫开发进入脱贫攻坚新阶段。党的十九大把精准脱贫作为决胜全面建成小康社会的三大攻坚战之一，作出新部署，提出新要求。为全面贯彻落实党的十九大精神，适应脱贫攻坚形势发展需要，针对各地区各部门贯彻《决定》过程中出现的新情况新问题，进一步完善顶层设计，强化政策措施，加强统筹协调，2018 年 6 月，中共中央、国务院颁布《关于打赢脱贫攻坚战三年行动的指导意见》(以下简称《指导意见》)。《决定》是打赢脱贫攻坚战的总纲领总部署，是贯穿脱贫攻坚战全过程的指导性文件。《指导意见》是此后三年贯彻落实《决定》的行动方案。

第一节　脱贫攻坚的主要背景

全球减贫进展与趋势、我国扶贫开发进入新阶段呈现出的贫困新特征及减贫新特点构成我国新时代脱贫攻坚的主要国际、国内背景。

一、全球减贫的进展与趋势

从全球看，过去70多年的全球减贫呈现以下特点：

一是成就巨大。在70多年前"二战"刚结束时，全球贫困的状况非常严重。30多年前，还有20多亿的贫困人口，直到2016年，仅剩下7亿左右的贫困人口。可见，过去几十年，特别是近30多年中几十亿贫困人口摆脱了贫困，说明全球减贫成就巨大。

二是挑战依然明显。无论在我国，还是在世界其他国家，越往后扶贫的难度越大，都是最难啃的"硬骨头"，说明挑战非常巨大，这也是全球呈现出的共同特点。

三是目标更加明确。2015年第70届联合国发展大会上190多个国家的首脑通过了一个议程，即2030年可持续发展议程。这个全球达成共识的可持续发展议程的首要目标就是消除绝对贫困。所以，在2030年到来之前，全球减贫目标就是消除一切形式的绝对贫困。这是目前全球减贫的趋势，也是其呈现出的特点。

四是前景看好。到2030年只要全球保持每年减贫5000万人以上，就能实现2030年消除绝对贫困的目标。当然这个目标的实现取决于外在的环境，以及各个国家如何有效治理贫困并激发贫困人口的内生动力。

上述趋势及特征还可以从相关数据具体呈现：

一是全球贫困人口和贫困发生率变化趋势。从1981年到2013年，贫困人口数量和贫困发生率均呈现明显下降趋势。这和我国过去30多年中减贫显著成效相一致，换句话，由于中国显著的减贫成效带来了全球减贫成就的显著。

二是全球贫困人口分布。全球贫困人口数量最多的在南亚地区，以印度、孟加拉国、巴基斯坦为代表的南亚国家，占了全球贫困人口40%左右。非洲地区相对欠发达，贫困程度也比较深，贫困人口数量居全球第二位。排在第三位的区域是东亚和太平洋地区，这个地区在过去30多年减贫的效果是最明显的，不仅仅是我国，这区域的其他国家也取得比较明显的减贫效果。剩下的贫困人口按可比标准有小部分分布在拉丁美洲。从1990年到2015年不同地区贫困发生率呈现逐步下降趋势。其中，东亚和太平洋地区的贫困发生率从1990年的60.8%下降到2015年的4.1%，可见这个区域减贫的成绩非常巨大。

三是全球发展议程。第一个议程是从1990到2015年，就是千年发展目标。这一目标到2015年从全球范围来看基本实现了，我国首先实现了贫困人口比例减半的第一个目标，到2015年全部实现了所有的指标，是全球在千年发展目标实现速度最快、实现程度最好的国家。第二个发展议程就是2030年可持续发展议程，这是2015年联合国第70届发展大会上190多个国家首脑共同确定的。这一议程包含17项目标。第一个目标就是消除一切形式的绝对贫困，也就是说全球发展在2030年前的主要任务，排在最前面的也是消除绝对贫困。

四是联合国2030年可持续发展议程中减贫目标和我国脱贫攻坚目标相一致。联合国2030年可持续发展议程共17项目标，169项具体子目标，其中第一个项目目标消除一切形式的绝对贫困，包括五个具体子目标：一是到2030年在全球消除平均每人每天生活费不足1.25美元的极端贫困（2015年4月世界银行把1.25美元标准调整为1.9美元，所以现在凡是每天生活费不足1.9美元的都叫极端贫困）。我国现在标准是按照2010年农民人均纯收入每年2300元人民币的不变价来测算的。如果按照购买力评价换算，我国的贫困标准大概相当于每人每天消费支出2.2至2.3美元之间，也就是说我们的扶贫标准略高于全球极端贫困标准。二是到 2030 年根据各国标准将各年龄段贫困人口和贫困儿童的比例减少一半以上，这反映出全球减贫要更加精准到每个年龄段和不同类型的贫困人口，特别是强调了儿童减贫的重要性。这也是精准扶贫、精准脱贫的要义和要求。三是到 2030 年实施适合各国国情的社保制度，大规模覆盖穷人和其他弱势群体，这和我国是一样的。我们现在已经建成全球最大的社保制度，其中农村最低生活费保障制度是很重要的组成部分。四是到 2030 年确保所有人特别是穷人和弱势群体享有获得经济支援的平等权利，享有基本公共版服务或者土地和其他形式财产的所有权、使用权，获取新技术和金融服务。在这点上，我国现在精准扶贫、精准脱贫正在推动这些方面的实现。比如，农村三权分置改革，还有在农村推行电商扶贫、光伏扶贫等新业态，针对贫困人口的小额信贷等举措，都是可以实现这些目标的手段。五是到 2030 年增强贫困人口抵御灾害风险的能力，这也是精准扶贫、精准脱贫的重要内容。

综合看，我国脱贫攻坚目标和全球 2030 年可持续发展目标中的第一个目标消除绝对贫困是一致的。换句话说，我国在 2020 年全面建成小康社会，按照党的十八届五中全会确定的现行标准下农村所有贫困人口全部脱贫，贫困县全部摘帽，解决区域性贫困，就意味着，我国将提前 10 年实现全球 2030 年可持续发展议程的减贫目标。显然这样的目标和成就，对树立我国良好形象，展现中国特色社会主义道路自信、理论自信、制度自信和文化自信具有重大意义。

二、我国扶贫开发进入新阶段

（一）2014 年我国农村贫困的主要特征

基于 2014 年建档立卡数据，我国的贫困体现以下特征：

第一，从区域的分布看，2013 年农村贫困人口在 600 万以上的省份有 6 个（贵州、云南、河南、湖南、广西、四川）。贫困人口主要分布在 832 个贫困县。从 14 个连片贫困地区的贫困人口和贫困发生率来看，不同的片区贫困人口规模不一样，贫困发生率也不一样，但是和全国其他区域相比，都存在比较高的贫困发生率和比较大的贫困人口规模。

第二，从减贫趋势看，过去10年，国家扶贫开发工作重点县农民人均纯收入增长的幅度快于全国农民人均纯收入增长的水平。这也反映出扶贫的成效。2001到2011年的10年间，仅有两年减贫的人数超过1000万，其中2007年达到1300多万，其主要原因是当年农村全面实行了最低生活保障制度。这一普惠性政策，使相当部分的贫困人口由于享受了低保而达到了贫困线标准以上，也就等于实现了脱贫。

第三，从贫困人口的区域分布来看，14个集中连片特殊困难地区集中了相当部分贫困人口。全国农村人口东中西部分布情况是，中部占42%、西部占32%、东部占25.7%。贫困人口在东中西部的分布，西部贫困人口数占到总数的49.7%，中部占43.4%，两者加起来占了93.1%，剩下的6.9%分布在东部。可见，贫困人口的分布主要在西部和中部地区。从贫困人口分布的省份来看，贫困发生率最高的在甘肃、贵州、西藏等省区。

第四，从贫困人口的特征来看，一是老年贫困问题突出：全国农村人口年龄结构中，60岁以上的老年人占总数的17.1%，但是在贫困人口中60岁以上的比例占到近20%，比一般的情况高出近3个百分点，这说明贫困人口中老年人的贫困问题更严重，这也为我们的政策制定提供了指引和方向。二是文盲和半文盲比例高：全国农村人口中文盲半文盲的比例占17.5%，但是贫困人口中文盲半文盲的比例占到35%，是一般人口的两倍。这也是脱贫攻坚为什么越来越难，扶贫对象文化水平和技能低是主要原因。三是贫困人口劳动力缺失：8000多万的贫困人口约3000万户的贫困家庭中，没有劳动能力的占34%，丧失劳动能力的占6.6%，也就是说，有40%左右的贫困人口是没有劳动能力的，这样的现状对于依靠产业扶贫实现脱贫显然面临困难。有劳动能力者大多是普通劳动力，没有更高的技能，这是扶贫对象的现实，也为开展精准扶贫提供了决策的依据。四是建档立卡贫困户的贫困原因复杂多元：最主要的致贫原因是因病致贫，占42.2%。随后的是缺资金、缺技术、缺劳动力，因学、因残、因灾、自身发展动力不足等，其中因病致贫是致贫中的首要因素，因此怎么解决好因病致贫问题是解决贫困问题的关键，是精准扶贫、精准脱贫的关键。即便是因病致贫，在不同地区、不同区域，程度也不一样。在东部因病致贫占到58%,中部占到51.6%,西部仅占28.9%。鉴此,不同区域,政策不能千篇一律,因为致贫原因不一样,对策就应不一样。这就是习近平总书记提出精准扶贫的重要原因,因为只有做到精准,才能辨识出真正致贫的原因,实施有针对性的帮扶。

(二)我国扶贫开发进入新阶段的特征

一是新的定位。党的十八大以来,党中央、国务院把扶贫开发工作纳入"五位一体"总体布局和"四个全面"战略布局,作为实现第一个百年奋斗目标的重点工作、底线任务,把扶贫开发工作的定位提高到了一个新的战略高度。

二是新的目标。党的十八届五中全会明确到2020年我国现行标准下农村贫困人口实现脱贫,贫困县全部摘帽,解决区域性整体贫困。显然,这三个目标是一体化的,到2020年要实现阶段性的目标非常明显。

三是新的部署。2015年11月召开中央扶贫开发工作会议,习近平总书记、李克强总理发表重要讲话,党中央、国务院发布实施《关于打赢脱贫攻坚战的决定》,对脱贫攻坚的目标、任务、基本方略、政策框架和责任体系作出部署。

四是新的要求。新的要求体现在我国发展的各个方面,比如"十三五"国民经济社会发展,最主要的任务是补齐全面建成小康社会存在的短板,农村贫困人口脱贫就是一个突出短板。"十三五"实施脱贫攻坚工程,实现农村贫困人口脱贫,就是要完成全面建成小康社会最艰巨的任务。在"十三五"规划中专门有一篇讲脱贫攻坚,这意味着脱贫攻坚已上升为国家的意志。2016年11月,国务院印发"十三五"脱贫攻坚规划,这是国家"十三五"规划中很重要的一个专项,对于扶贫开发来说,这是第一次。

五是新阶段新特点面临新挑战。这些挑战体现在脱贫难度会越来越大,剩下贫困人口的特殊性越来越突出,精准扶贫落地生根难度很大,因为我们是在最艰苦的地方、最边远的地方做最精准的事情,难度是显而易见的。内生动力的激发还需要付出巨大的努力。此外,经济社会发展中贫困地区同样存在着潜在的社会风险,也可能随着脱贫攻坚的进程有一些会积累,有一些会呈现。城市贫困和新的贫困问题日显突出。这些挑战必须认真研究并解决。

第二节 脱贫攻坚的决策部署

在党的十八届五中全会召开后不久,中央紧接着就召开了扶贫开发工作会议,对"十三五"期间的扶贫开发工作进行全面部署。党中央关于新时代我国脱贫攻坚的决策部署,体现在《关于打赢脱贫攻坚战的决定》(以下简称《决定》)。《决定》分 8 个部分,共 32 条,核心内容可以概括为:实现一个总体目标;坚持六项基本原则;实施十项精准扶贫、精准脱贫方略;破除四大制约瓶颈;强化四大政策支撑体系;健全三大脱贫攻坚机制;提供一个坚强政治保障。

一、总体目标

到 2020 年,稳定实现农村贫困人口不愁吃、不愁穿,义务教育、基本医疗和住房安全有保障。实现贫困地区农民人均可支配收入增长幅度高于全国平均水平,基本公共服务主要领域指标接近全国平均水平。确保我国现行标准下农村贫困人口实现脱贫,贫困县全部摘帽,解决区域性整体贫困。

二、基本原则

一是坚持党的领导,夯实组织基础。二是坚持政府主导,增强社会合力。三是坚持精准扶贫,提高扶贫成效。四是坚持保护生态,实现绿色发展。五是坚持群众主体,激发内生动力。六是坚持因地制宜,创新体制机制。

三、精准扶贫、精准脱贫方略

一是健全精准扶贫工作机制。①抓好精准识别和建档立卡工作,使建档立卡贫困人口中约 5000 万人通过产业扶持、转移就业、易地搬迁、教育支持、医疗救助等措施实现脱贫,其余完全或部分丧失劳动能力的贫困人口,实行社保政策兜底脱贫。②健全扶贫开发工作重点县退出机制,制定严格、规范、透明的国家扶贫开发工作重点县退出标准、程序、核查办法。③健全监督与评估机制,加强对扶贫工作绩效的社会监督,开展贫困地区群众扶贫满意度调查,建立对扶贫政策落实情况和扶贫成效的第三方评估机制。

二是发展特色产业脱贫。制定贫困地区特色产业发展规划;出台专项政策,统筹使用涉农资金,重点支持贫困村、贫困户因地制宜发展种养业和传统手工业等。

三是引导劳务输出脱贫。加大劳务输出培训投入、加大职业技能提升计划和贫困户教育培训工程实施力度、支持贫困地区建设县乡基层劳动就业和社会保障服务平台、加大对贫困地区农民工返乡创业政策的扶持力度等。

四是实施易地搬迁脱贫。对居住在生存条件恶劣、生态环境脆弱、自然灾害频发等地区的农村贫困人口,加快实施易地扶贫搬迁工程。因地制宜选择搬迁安置方式,确保搬迁对象有业可就、稳定脱贫,做到搬得出、稳得住、能致富。

五是结合生态保护脱贫。国家实施的退耕还林还草、天然林保护等重大生态工程,在项目和资金安排上进一步向贫困地区倾斜,提高贫困人口参与度和受益水平;开展贫困地区生态综合补偿试点,健全公益林补偿标准动态调整机制,完善草原生态保护补助奖励政策,推动地区间建立横向生态补偿制度等。

六是着力加强教育脱贫。加快实施教育扶贫工程,让贫困家庭子女都能接受公平、有质量的教育,阻断贫困代际传递。国家教育经费向贫困地区、基础教育倾斜;普及高中阶段教育,率先从建档立卡的家庭经济困难学生实施普通高中免除学杂费、中等职业教育免除学杂费,让未升入普通高中的初中毕业生都能接受中等职业教育;加强有专业特色并适应市场需求的中等职业学校建设,提高中等职业教育国家助学金资助标准等。

七是开展医疗保险和医疗救助脱贫。实施健康扶贫工程,保障贫困人口享有基本医疗卫生服务,努力防止因病致贫、因病返贫。

八是实行农村最低生活保障制度兜底脱贫。完善农村最低生活保障制度,对无法依靠产业扶持和就业帮助脱贫的家庭实行政策性保障兜底。

九是探索资产收益扶贫。在不改变用途的情况下，财政专项扶贫资金和其他涉农资金投入项目所形成的资产，具备条件的可折股量化给贫困村和贫困户，尤其是丧失劳动能力的贫困户；支持农民合作社和其他经营主体通过土地托管、牲畜托养和吸收农民土地经营权入股等方式，带动贫困户增收等。

十是健全留守儿童、留守妇女、留守老人和残疾人关爱服务体系。对农村"三留守"人员和残疾人进行全面摸底排查，建立翔实完备、动态更新的信息管理系统；对低保家庭中的老年人、未成年人、重度残疾人、重病患者等重点救助对象，提高救助水平，确保基本生活等。

四、破除制约瓶颈

一是加快交通、水利、电力建设。二是加大"互联网+"扶贫力度。三是加快农村危房改造和人居环境整治。四是重点支持革命老区、民族地区、边疆地区、连片特困地区脱贫攻坚。

五、政策支撑体系

一是加大财政扶贫投入力度。二是加大金融扶贫力度。三是完善扶贫开发用地政策。四是发挥科技、人才的支撑作用。

六、脱贫攻坚机制

一是健全东西部扶贫协作机制。二是健全定点扶贫机制。三是健全社会力量参与机制。

七、政治保障

一是要强化脱贫攻坚领导责任制。实行中央统筹、省（自治区、直辖市）负总责、市（地）县抓落实的工作机制，坚持片区为重点、精准到村到户。二是要发挥基层党组织战斗堡垒作用。三是要严格扶贫考核督查问责。抓紧出台中央对省（自治区、直辖市）党委和政府扶贫开发工作成效考核办法。建立年度扶贫开发工作逐级督查制度，建立扶贫工作责任清单等。四是加强扶贫开发队伍建设，稳定和强化各级扶贫开发领导小组和工作机构。四是推进扶贫开发法治建设，运用法治思维和法治方式推进扶贫开发工作。

第三节　脱贫攻坚决策部署的新要求

习近平总书记在党的十九大报告中强调，坚决打赢脱贫攻坚战。让贫困人口和贫困地区同全国一道进入全面小康社会是我们党的庄严承诺。要动员全党全国全社会力量，坚持精准扶贫、精准脱贫，坚持中央统筹、省负总责、市县抓落实的工作机制，强化党政一把手负总责的责任制，坚持大扶贫格局，注重扶贫同扶志、扶智相结合，深入实施东西部扶贫协作，重点攻克深度贫困地区脱贫任务，确保到2020年我国现行标准下农村贫困人口实现脱贫，贫困县全部摘帽，解决区域性整体贫困，做到脱真贫、真脱贫。

一、总体思路

做好下一阶段脱贫攻坚工作，要全面贯彻党的十九大和十九届二中、三中全会精神，以习近平新时代中国特色社会主义思想为指导，充分发挥政治优势和制度优势，坚持精准扶贫、精准脱贫基本方略，坚持中央统筹、省负总责、市县抓落实的工作机制，坚持大扶贫工作格局，坚持脱贫攻坚目标和现行扶贫标准，聚焦深度贫困地区和特殊贫困群体，突出问题导向，优化政策供给，下足绣花功夫，着力激发贫困人口内生动力，着力夯实贫困人口稳定脱贫基础，着力加强扶贫领域作风建设，切实提高贫困人口获得感，围绕三年完成3000万人脱贫、680个县摘帽，一年一个新进展，三年全面完成任务，确保到2020年贫困地区和贫困群众同全国一道进入全面小康社会，为实施乡村振兴战略打好基础。

一是完善顶层设计。主要体现在实现"三个转变"等方面。① 从注重全面推进向更加注重深度贫困地区攻坚转变。《指导意见》把"集中力量支持深度贫困地区脱贫攻坚"作为第一项重大任务、安排专门章节进行部署，要求着力改善深度贫困地区发展条件，着力解决深度贫困地区群众特殊困难，着力加大深度贫困地区政策倾斜力度。②从注重减贫进度向更加注重脱贫质量转变。《指导意见》明确"把提高脱贫质量放在首位"，要求更加注重帮扶的长期效果，夯实稳定脱贫、逐步致富的基础，确保脱贫攻坚成果经得起历史和实践检验。文件在部署各项重点工作时，都强调了确保质量的要求。③从开发式扶贫为主向开发式与保障性扶贫并重转变。《指导意见》明确了坚持开发式扶贫和保障性扶贫相统筹。把开发式扶贫作为脱贫基本途径，针对致贫原因和贫困人口结构，加强和完善保障性扶贫措施，造血输血协同，发挥两种方式的综合脱贫效应。文件专门就强化综合保障性扶贫提出了8项政策举措。

二是强化政策措施。《指导意见》就强化到村到户到人精准帮扶提出10项举措：加大产业扶贫力度，全力推进就业扶贫，深入推动易地扶贫搬迁，加强生态扶贫，着力实施教育脱贫攻坚行动，深入实施健康扶贫工程，加快推进农村危房改造，强化综合保障性扶贫，开展贫困残疾人脱贫行动，开展扶贫扶志行动。《指导意见》就加快补齐贫困地区基础设施短板提出4项举措：加快实施交通扶贫行动，大力推进水利扶贫行动，大力实施电力和网络扶贫行动，大力推进贫困地区农村人居环境整治。

三是加强统筹协调。《指导意见》从党的领导、支撑保障、社会合力等方面加强统筹协调。在加强和改善党的领导方面，进一步落实脱贫攻坚责任制，压实中央部门扶贫责任，完善脱贫攻坚考核监督评估机制，建强贫困村党组织，培养锻炼过硬的脱贫攻坚干部队伍，营造良好舆论氛围，开展扶贫领域腐败和作风问题专项治理，做好脱贫攻坚风险防范工作，统筹衔接脱贫攻坚与乡村振兴。在加强支撑保障方面，强化财政投入保障，加大金融扶贫支持力度，加强土地政策支持，实施人才和科技扶贫计划。在动员全社会力量参与方面，加大东西部扶贫协作和对口支援力度，深入开展定点扶贫工作，扎实做好军队帮扶工作，激励各类企业、社会组织扶贫，大力开展扶贫志愿服务活动。

二、主要原则

一要坚持脱贫攻坚目标标准。脱贫攻坚的目标就是"两个确保",在工作进度上既不层层加码,也不消极拖延。扶贫标准就是稳定实现贫困人口"两不愁三保障",既不降低标准、影响质量,也不拔高标准、吊高胃口。

二要坚持精准扶贫、精准脱贫基本方略。脱贫攻坚,精准是要义。精准扶贫、精准脱贫是一项深入而细致的工作,不能浅尝辄止,不能走"大水漫灌"的老路,必须因人因户因村施策,对症下药、精准滴灌、靶向治疗,扶贫扶到点上、扶到根上。

三要坚持改革创新扶贫体制机制。这次脱贫攻坚是对扶贫领域责任体系、工作体系、政策体系、投入体系、动员体系、监督体系等全方位的创新。脱贫攻坚要以问题为导向,以改革创新为动力,以构建科学的体制机制为突破口,充分调动各方面积极性,用心、用力、用情开展工作。

四要坚持大扶贫格局。充分发挥政府和各种社会力量的作用,构建专项扶贫、行业扶贫、社会扶贫互为补充的大扶贫格局,调动各方面积极性,引领市场、社会协同发力,形成全社会广泛参与脱贫攻坚格局。

五要坚持扶贫与扶志、扶智相结合。脱贫攻坚,贫困群众内生动力是基础。必须正确处理外部帮扶和贫困群众自身努力的关系,培育贫困群众依靠自力更生实现脱贫致富意识,培养贫困群众发展生产和务工经商技能,组织、引导、支持贫困群众用自己辛勤劳动实现脱贫致富,提高脱贫的实效性和可持续性。

六要坚持全面从严治党要求。切实加强党的领导,强化五级书记抓扶贫,充分发挥基层党组织战斗堡垒作用,为脱贫攻坚提供坚强政治保障。实行最严格的考核制度,开展多渠道、全方位的监督,较真碰硬,确保扶贫过程扎实,脱贫结果真实,经得起历史和实践检验。

三、重点工作

下一阶段脱贫攻坚工作,要重点落实好以下措施。

一是学习宣传《习近平扶贫论述摘编》。习近平扶贫论述"形"于知青的特殊经历和长期在地方主政的探索积淀,"成"于担任党的总书记、成为党和国家的领导核心后,主要包括坚持党对脱贫攻坚的领导、实施精准扶贫精准脱贫、构建大扶贫格局、激发内生动力、实行最严格的考核制度、携手共建人类命运共同体等6个方面的科学内涵。这些重要论述充分体现了人民性、科学性、创新性、国际性,是习近平新时代中国特色社会主义思想的重要组成部分,是马克思主义反贫困理论中国化的最新成果,是中国特色扶贫开发理论的最新发展,是全球贫困治理的中国智慧。各地各部门要组织开展学习研讨和系列宣传活动,贯彻习近平总书记关于扶贫工作的重要论述精神,以其指导实践、推进工作。

二是落实分类施策。按照"五个一批"思路,因地制宜,因村因户因人精准施策。推进产业扶贫,完善新型经营主体与贫困户利益联结机制,防止简单发钱发物。推进就业扶贫,鼓励各地开发扶贫公益岗位,兴办扶贫车间,强化劳务组织和技能培训,稳存量、扩增量。加快易地扶贫搬迁,2019年前完成剩余390万左右贫困人口搬迁建设任务,确保搬得出、稳得住、能脱贫。推进生态扶贫,在贫困人口中新选聘一批生态护林员、草管员,创新生态扶贫机制,实现生态改善和脱贫双赢。做好综合保障脱贫,为老弱病残贫困人口提供综合保障。继续推进教育扶贫、健康扶贫等工作。

三是夯实精准基础。完善建档立卡,完善指标体系和业务子系统,不仅记录基本情况,还要记录帮扶工作进展和主要脱贫措施等。加强数据共享和监测分析,为宏观决策和工作指导提供服务,减轻基层填表报数负担。强化信息系统安全保障,严格保护贫困人口隐私。强化驻村帮扶,通过下派一批、培养一批、省内市内抽调一批、东部支援一批等方式,加强脱贫攻坚一线干部人才力量。加强扶贫资金项目管理,加快推进县级脱贫攻坚项目库建设,加强项目论证和储备,整合用好各类资源,提高扶贫资金使用效率和效益。落实扶贫资金项目公告公示制度,预防微腐败,实现阳光扶贫、廉洁扶贫。

四是加强作风建设。党中央明确,将2018年作为脱贫攻坚作风建设年,全面开展扶贫领域腐败和作风问题专项治理。国务院扶贫开发领导小组确定了专项治理6个方面25项重点内容,各地区各部门都制定了实施方案。下一步要加大督导检查力度，推动各地区各部门认真落实实施方案，对责任不落实、政策不落实、识别不准确、工作不到位、退出不真实、资金管理使用不规范、考核不严格等问题，开展约谈，坚决整改，并将作风建设贯穿脱贫攻坚全过程，持续推进。

五是组织干部轮训。分级分类对地方党政领导干部、部门行业干部、扶贫系统干部、帮扶干部、贫困村干部开展培训。中央层面将重点对31个省区市分管负责同志、脱贫攻坚任务重的市党政主要负责同志、贫困县党政主要负责同志开展培训，其他培训主要由各地组织实施。领导干部培训的重点是，提高思想认识，引导树立正确的政绩观，掌握精准扶贫方法论，培养研究和解决攻坚问题难题的能力；基层干部培训的重点是，精准扶贫、精准脱贫的工作实践能力，不断提高工作的能力和水平。

六是深化大扶贫格局。深化细化东西部扶贫协作工作。攻坚战打响以来，东西部扶贫协作力度不断加大，2016—2017年，东部省市投入扶贫协作财政资金88.06亿元，连续两年实现倍增，动员社会各界捐助款物40.2亿元，超过过去20年的总和。2018年，东部省市计划投入扶贫协作财政资金134亿元，是2017年的2.3倍，计划转移贫困人口就业44万人，是2017年的2.2倍。2018年7月4日，国务院扶贫开发领导小组在京召开全国东西部扶贫协作工作推进会，胡春华副总理发表重要讲话，作出重要部署，东西部扶贫协作双方签订了帮扶协议，下一步要按照协议内容进行量化考核，确保各项协作举措落地见效。修改完善中央单位定点扶贫考核办法，进一步强化中央单位行业扶贫、定点扶贫责任。推进"万企帮万村"精准扶贫行动，完善中国社会扶贫网建设，实现政府、市场、社会互动和行业扶贫、专项扶贫、社会扶贫联动。

七是完善考核监督机制。充分体现省负总责原则。改进贫困县退出专项评估检查，2018年以后申请退出的贫困县，由各省统一组织，中央进行抽查。改进约谈方式，变定期约谈算总账为常态化约谈。取消与脱贫攻坚无关的搭车任务和验收指标。各地要统筹整合脱贫攻坚督导检查，共享督导检查成果，严禁层层多头组织，切实减轻基层负担。

八是激发内生动力。加强政策引导，转变扶贫方式，除低保兜底发放现金外，其他扶贫措施要与贫困群众参与挂钩，原则上不直接发钱发物。加强教育引导，加强思想教育和技能培训，帮助贫困群众转变思想观念，提高脱贫能力。加强典型引导，总结宣传脱贫典型，营造勤劳致富脱贫光荣的良好氛围。发挥村规民约作用，引导贫困群众自我教育、自我管理、自我约束，培育健康文明生活方式。

九是防范化解风险。脱贫攻坚需要防范四类潜在风险：第一，完不成任务的风险。防止深度贫困地区和深度贫困问题解决不好，完不成任务或脱贫质量不高。防止脱贫任务轻的地区麻痹大意，出现工作"死角"。第二，经济风险。要规范扶贫小额信贷，严格执行国家有关规定，新的贷款不能"户贷企用"，不得用于非生产性支出，老的问题要逐步纠正，确保不发生还贷风险。要防范扶贫产业市场风险，通过提高组织化程度，改变生产方式，培育品牌，延伸产业链，拓宽销售渠道等，降低市场波动的影响。第三，债务风险。防止打着脱贫攻坚的旗号大举发债，"穿着马甲"或"涂脂抹粉"去争资源争项目，加重政府债务。第四，道德风险。防止简单发钱发物送钱送物，政策养懒汉。防止盲目提高标准，造成非贫困户攀比，引起新的不公，破坏社会规则，兑现不了还会损害党和政府公信力。

十是总结经验表彰先进。总结推广党的十八大以来，各地各部门在精准扶贫、精准脱贫方面的创新举措和成功经验，把精准要求转化为具体样本，推动各地各部门受启发、找差距、明方向，促进帮扶举措落地落实。每年组织开展全国脱贫攻坚奖和全国脱贫攻坚模范评选表彰活动。设立脱贫攻坚组织创新奖，鼓励各地从实际出发创新扶贫工作方式。每年组织报告团，分区域巡回宣讲先进典型，树立鲜明导向。

十一是做好宣传工作。开展脱贫攻坚政策宣讲解读，让贫困地区群众知晓政策，让基层干部用好用活用足政策。完善涉贫事件处置反馈机制，保持定力，对一些不正确的说法敢于回应。要把握正确舆论导向，防止意外事件发生，干扰脱贫攻坚大局。配合做好对外宣传，加强减贫领域国际交流与合作，为全球减贫事业贡献中国方案，提升中国软实力。

十二是研究2020年后扶贫工作。扶贫开发是体现我们党的宗旨和社会主义制度优越性、体现以人民为中心发展思想的重要标志，既是全面建成小康社会的底线任务，也是解决不平衡不充分发展主要矛盾的重要措施，还是全球反贫困事业的亮丽风景，应彰显特色，长期坚持。到2020年打赢脱贫攻坚战，只是消除了现行标准下的绝对贫困，不是说我国就没有贫困人口了，任何社会，即使是发达国家，总会存在一定比例的相对贫困人口。在贫困地区尤其是深度贫困地区，当前实施乡村振兴战略的重点，仍然是脱贫攻坚。要根据第二个百年奋斗目标，做好脱贫攻坚与实施乡村振兴战略和2020年后减贫战略的有效衔接，通过脱贫攻坚为实施乡村振兴战略创造条件，通过实施乡村振兴战略巩固脱贫成果，最终走向共同富裕。

思考题

1. 简述我国扶贫开发进入脱贫攻坚阶段。
2. 简述如何理解《关于打赢脱贫攻坚战的决定》《关于打赢脱贫攻坚战三年行动的指导意见》这两个中央文件之间的关系及其内容的异同。

扩展阅读

1. 中共中央、国务院《关于打赢脱贫攻坚战的决定》，《人民日报》2015年12月8日。
2. 中共中央、国务院《关于打赢脱贫攻坚战三年行动的指导意见》，《人民日报》2018年8月20日。

第三讲　精准扶贫精准脱贫方略

【导　读】党的十八大以来，以习近平同志为核心的党中央把扶贫开发工作纳入"五位一体"总体布局和"四个全面"战略布局，把脱贫攻坚摆到治国理政突出位置，提出精准扶贫、精准脱贫基本方略，推动中国扶贫事业取得巨大成就，对世界减贫进程做出了重大贡献。本讲紧紧围绕精准扶贫、精准脱贫方略，梳理了其形成过程和基本内涵，阐述了"六个精准""五个一批"以及解决"四个问题"的基本内容、政策体系、逻辑关系以及实践进展。

党的十八大以来，以习近平同志为核心的党中央把脱贫攻坚工作纳入"五位一体"总体布局和"四个全面"战略布局，作为实现第一个百年奋斗目标的重点任务，作出一系列重大部署和安排，全面打响脱贫攻坚战，把精准扶贫、精准脱贫确定为脱贫攻坚的基本方略。

第一节　精准扶贫精准脱贫概述

2013年11月，习近平总书记到湖南湘西考察时首次作出了"实事求是、因地制宜、分类指导、精准扶贫"的重要指示。2013年底，中共中央办公厅、国务院办公厅印发《关于创新机制扎实推进农村扶贫开发工作的意见》，提出以建立精准扶贫工作机制为核心的6项机制创新和10项重点工作。2014年3月，习近平总书记参加第十二届全国人民代表大会第二次会议和政协第十二届全国委员会第二次会议代表委员团组审议时强调，要实施精准扶贫，瞄准扶贫对象,进行重点施策,并进一步阐释了精准扶贫理念。2015年1月,习近平总书记在云南调研时强调,坚决打好扶贫开发攻坚战,加快民族地区经济社会发展。2015年2月,习近平总书记在陕西省考察并主持召开陕甘宁革命老区脱贫致富座谈会时强调,加快老区发展步伐,做好老区扶贫开发工作,让老区农村贫困人口尽快脱贫致富,确保老区人民同全国人民一道进入全面小康社会。2015年6月,习近平总书记在贵州召开部分省区市党委主要负责同志座谈会时指出,扶贫开发贵在精准,重在精准,成败之举在于精准。各地都要在扶持对象精准、项目安排精准、资金使用精准、措施到户精准、因村派人（第一书记）精准、脱贫成效精准上想办法,出实招、见真效。要因地制宜研究实施"四个一批"的扶贫攻坚行动计划,即通过扶持生产发展一批,通过移民搬迁安置一批,通过低保政策兜底一批,通过医疗救助扶持一批,实现贫困人口精准脱贫。2015年10月,习近平总书记在2015减贫与发展高层论坛上强调,中国扶贫攻坚工作实施精准扶贫方略,增加扶贫投入,出台优惠政策措施,坚持中国制度优势,注重"六个精准",坚持分类施策,因人因地施策,因贫困原因施策,因贫困类型施策,通过扶持生产和就业发展一批,通过易地搬迁安置一批,通过生态保护脱贫一批,通过教育扶贫脱贫一批,通过"低保"政策兜底一批,广泛动员全社会力量参与扶贫。

2015年11月27—28日,中央扶贫开发工作会议召开,习近平总书记发表长篇重要讲话,系统阐述精准扶贫、精准脱贫方略。习近平强调,脱贫攻坚已经到了啃硬骨头、攻坚拔寨的冲刺阶段,必须以更大的决心、更明确的思路、更精准的举措、超常规的力度,众志成城实现脱贫攻坚目标,决不能落下一个贫困地区、一个贫困群众。随后,中共中央、国务院颁布《关于打赢脱贫攻坚战的决定》,要求各级党委和政府要把扶贫开发工作作为重大政治任务来抓,实施全党全社会共同参与的脱贫攻坚战。2016年11月,国务院印发《"十三五"脱贫攻坚规划》,对当前和今后脱贫攻坚作出总体部署和工作安排,为决胜全面建成小康社会提供了战略和政策指引。2018年2月,习近平总书记在四川省考察并主持召开打好精准脱贫攻坚战座谈会时强调,提高脱贫质量聚焦深贫地区,扎扎实实把脱贫攻坚战推向前进。2018年6月,按照党的十九大关于打赢脱贫攻坚战总体部署，根据各地区各部门贯彻落实《关于打赢脱贫攻坚战的决定》的进展和实践中存在的突出问题，《关于打赢脱贫攻坚战三年行动的指导意见》出台，为完善顶层设计、强化政策措施、加强统筹协调，推动脱贫攻坚工作更加有效开展提出了指导意见。

第二节　精准扶贫精准脱贫的根本要求

　　精准扶贫、精准脱贫的根本要求是做到"六个精准"。习近平总书记提出，我们要注重抓"六个精准"，即扶持对象精准、项目安排精准、资金使用精准、措施到户精准、因村派人精准、脱贫成效精准，确保各项政策好处落到贫困对象身上。"六个精准"的提出，为精准扶贫指明了工作方向和行动指南。

一、扶持对象精准

（一）核准底数，精准识别

　　《关于打赢脱贫攻坚战的决定》指出，健全精准扶贫工作机制重点是抓好精准识别和建档立卡工作，对贫困村和贫困人口实行定期全面核查以及有进有出的动态管理。精准识别既要体现静态的精准，把当前的贫困人口找出来；又要体现动态的精准，把脱贫的人口退出去，把返贫的人口纳进来。中国精准扶贫中的贫困识别采取自上而下与自下而上相结合的识别做法。自上而下识别是指国家统计局根据抽样调查测算出中国农村贫困人口的总规模，并根据各省（自治区、直辖市）的贫困发生率等，将贫困人口总规模指标分配到相应的省份。同时，国家制定统一的农村贫困人口规模分解原则和方法，即"县为单位、规模控制、分级负责、精准识别、动态管理"的原则，各地依据国家统计局农村调查总队提供的贫困人口数和低收入人口的贫困发生率，逐级分解到县级。自下而上贫困识别主要是由村民自愿申请，行政村或村民小组召开村民代表大会进行民主评议，经乡、县审核后确定村级指标下的贫困人口名单。由于农户收入精准测算比较困难,各地在自下而上的贫困识别上也探索了一些创新做法。根据《国务院扶贫办关于印发〈扶贫开发建档立卡工作方案〉的通知》,"贫困村识别原则上按照'一高一低一无'的标准进行。即行政村贫困发生率比全省贫困发生率高一倍以上,行政村2013年全村农民人均纯收入低于全省平均水平60%,行政村无集体经济收入"。在贫困识别的调查内容上,贫困户识别包含了农户家庭基本情况、农户脱贫发展需求等。贫困识别包括了贫困户的识别程序和贫困村的识别程序。贫困户的识别程序可以概括为"一公告、两公示"。贫困村的识别程序可以概括为"一公告、一公示"。

(二)完善系统,建档立卡

完善扶贫系统,对贫困户建档立卡,不仅有利于掌握贫困户脱贫情况的动态变化,也有利于对扶贫工作进行后期跟进与完善。贫困对象识别出来后,就开始对贫困对象的基本情况、发展需求等进行摸底调查,收集信息。信息收集完毕后,将信息建档立卡,并录入全国扶贫开发信息管理系统。扶贫对象确定后,主要由村委会、驻村工作队等组织力量,进村入户对每一户贫困户进行摸底调查,采集贫困户信息。贫困户信息采集分为基本情况、生产生活条件、家庭经济状况、帮扶需求、帮扶情况、脱贫计划等。贫困村的信息收集调查内容包括了村庄基本情况、发展现状等。贫困对象信息采集结束后,当地政府基于贫困户发展需求信息和现有帮扶力量,确定贫困户与帮扶责任人的帮扶关系,不脱贫,不脱钩。同时,由驻村工作队、帮扶责任人、村委会等与农户共同讨论制订详细的帮扶计划。贫困村的结对关系与贫困户类似,不同的是与贫困村结对的是相应的政府组织而非干部。扶贫对象(贫困村、贫困户)的信息采集和结对帮扶关系及帮扶计划确定后,由村委会、驻村工作队和大学生志愿者等根据收集到的信息填写完成贫困户《扶贫手册》和贫困村《贫困村登记表》,并录入全国扶贫信息网络系统。贫困户建档立卡工作一般通过群众评议、入户调查、公示公告等举措,实现科学、精准识别贫困人口,也发挥了基层民主和群众参与在贫困识别中的作用。

(三)动态监测,分级管理

按照中央文件要求,在建立贫困帮扶档案时,要以年度为节点定期对建档立卡的贫困村、贫困户、贫困人口进行全面核查。依据脱贫目标，采取严格的分级管理、动态监测等措施，及时更新档案数据。同时，要清楚地在贫困人口登记卡、扶贫系统中登记好每年脱贫的人口及分布情况。为进一步提高贫困识别精准度，国务院扶贫办建立了扶贫督查巡查制度，并实施全国扶贫开发建档立卡"回头看"工作，各地出台扶贫开发建档立卡动态调整和"回头看"政策文件，全面核查建档立卡贫困户、贫困村的贫困现状、准确把握贫困户、贫困村的致贫原因和发展需求，对财政供养人员、家中拥有私家车等不符合条件的在库贫困户进行核查退出，对符合条件的返贫及新增贫困户录入数据库。对扶贫工作实行分级管理，将扶贫责任落实到位，有利于避免相互推诿责任的情况出现。

二、项目安排精准

习近平总书记指出，发展是甩掉贫困帽子的总办法，贫困地区要从实际出发，因地制宜，把种什么、养什么、从哪里来增收想明白，帮助贫困乡亲们寻找脱贫致富的好路子。要紧紧扭住发展这个促进贫困地区脱贫致富的第一要务，立足资源、市场、人文旅游等优势，因地制宜找准发展路子，既不能一味等靠、无所作为，也不能"捡进篮子都是菜"，因发展心切而违背市场规律、盲目蛮干，甚至搞劳民伤财的"政绩工程"。项目安排精准，就是要在细致分析贫困人口的致贫原因和了解贫困人口的发展需求的基础上，根据资源条件，因地制宜、科学制定扶贫项目规划。以问题和需求为导向，根据贫困人口的致贫原因和发展需求，聚焦项目的瞄准机制，项目安排要选取符合贫困人口的脱贫发展需求、经济社会发展条件以及市场规律的扶贫项目。

一方面，要因地制宜发展特色产业。各地区在区位条件、资源优势和产业基础等方面存在差异，因此在发展当地特色产业时要因地制宜。不仅做到"造血式"与"输血式"救济相结合，更要根据贫困村镇的实际情况和当地群众的脱贫意愿，设计出一套既能完成短期脱贫任务，又能保持经济可持续发展的产业模式，以此提高当地群众脱贫持续性和稳定性。另一方面，构建产业发展带动机制。构建完善的产业发展带动机制，既为当地产业发展打下牢固基础，同时又为脱贫工作的顺利进行提供了重要保障。围绕建档立卡贫困户统筹安排使用资金，重点扶持能带动贫困户创收增收的组织，带动贫困户创收增收。

三、资金使用精准

扶贫资金是扶贫开发工作的血脉，承担着保障贫困对象基本生活，助推精准扶贫工作顺利开展的重要任务。扶贫资金能否得到有效管理和运用，切实关系到精准扶贫工作的开展能否富有成效。因此，提高扶贫资金使用的有效性和针对性尤为必要。它要求帮扶主体对扶贫资金使用的每一个运行环节，如使用对象、资金分配、方向选择、监督机制等，作出严格的考核，在作出科学的比较和分析后，尽力完善相关机制，促使扶贫资金的使用更具计划性、精准性、有效性，让有限的资金创造更多的效益。

具体而言，主要有三个层面：第一，精准拨付。在精准识别贫困对象的基础上，建立科学有效的资金使用制度，合理运用各项措施，确保扶贫资金拨付做到既精准又及时，真正实现把钱用在刀刃上。作为资金使用的计划者、帮扶工作的具体执行者，各级政府应该主动承担责任，积极作为，做好相关预算编制，不浪费每一分"救命钱"，从预算、执行、监督、绩效等多方入手，全方位强化扶贫资金管理，将资金投入交通、住房、医疗、教育等方面，以确保在有限的时间内解决贫困群众的生存和发展难题。第二，有效利用。搭建以扶贫攻坚规划和重大扶贫项目为主的资源集合平台，将扶贫资金与自然资源等各类资源整合起来，统筹安排，集中力量办大事，以更大的合力解决扶贫工作中的"老大难"问题。在市场经济背景下，应充分调动一切经济资源，探索出扶贫开发的新模式、新思路、新方法。第三，严格监管。按照"项目跟着规划走，资金跟着项目走，监督跟着资金走"的基本原则，严格监管各项扶贫项目，制定清晰明了的精准扶贫标准及工作程序。在实施项目时，要严格按照规矩办事，不违规，不越矩。各级政府及其财政部门要联合国家监察机关和审计等部门，构建起多方共同监管的督查体系，在项目实施过程中加强对财政扶贫资金和扶贫项目的监督管理。不仅要建立起一套细致的精准扶贫项目台账，更要将监管覆盖到申报、立项、审批、资金拨付及项目实施、验收等环节,实现对扶贫项目的全面监管。

四、措施到户精准

措施到户精准的基本政策意义在于,鉴于贫困人口致贫因素的多样性、复杂性、动态性,针对贫困人口的扶持政策和措施也应具有差别化、类型化、变动性,因村因户因人施策,即根据不同农户的致贫原因,采取不同的扶贫措施,根据农户不同的贫困程度和深度,实行不同的扶持策略。《关于打赢脱贫攻坚战的决定》指出,"根据致贫原因和脱贫需求,对贫困人口实行分类扶持"。在2015年中央扶贫开发工作会议上,习近平总书记强调,要解决好"扶持谁"的问题,确保把真正的贫困人口弄清楚,把贫困人口、贫困程度、致贫原因等搞清楚,以便做到因户施策、因人施策。2016年2月,习近平总书记在江西看望慰问干部群众时指出,扶贫、脱贫的措施和工作一定要精准,要因户施策、因人施策,扶到点上、扶到根上,不能大而化之。《"十三五"脱贫攻坚规划》要求,"坚持以'六个精准'统领贫困地区脱贫攻坚工作,精确瞄准、因地制宜、分类施策,大力实施'扶贫脱贫工程,变'大水漫灌'为'精准滴灌',做到真扶贫、扶真贫、真脱贫","健全精准施策机制,切实做到项目安排精准、资金使用精准、措施到户精准"。

措施到户精准主要有以下三个核心要点:一是摸准贫困户的现实境况和脱贫需求。措施到户精准与扶持对象精准是环环相扣的,需建立在精准识别贫困对象的基础上,而且要与贫困识别结果有机衔接。措施到户精准的首要前提或工作事项就是在贫困识别过程中深入调查与切实明晰贫困户的致贫原因、贫困深度和程度、脱贫需求以及贫困村的贫困人口、资源禀赋、扶贫需求等关键信息,对贫困户和贫困村进行优劣势分析,为帮扶措施的制定提供技术支撑和信息资源。二是创新扶贫脱贫方式,实行类型化、差别化的贫困治理。(1)改变以前粗放式的"撒胡椒面式""高射炮打蚊子式""大水漫灌式"的扶贫方式,实行更科学、合理的"精准滴灌式"的精准脱贫方式,杜绝一刀切和平均用力等现象。(2)立足于上述贫困分析,制订出有针对性、差异性的帮扶计划和措施,实现因村因户因人施策,将措施到户精准与"五个一批"

等扶贫脱贫行动有机结合起来。三是构建精准扶贫、精准脱贫工作长效机制，实现可持续减贫。精准扶贫、精准脱贫关键还在于建立一套兼顾短期目标与长远计划、贯穿历史、现实与未来的长效机制，这套机制应具有较强的前瞻性和导向性，不依帮扶责任人的调整而变化，不依基层组织负责人的换届而变化，从而有利于实现贫困人口和贫困地区的可持续减贫与发展。

五、因村派人（第一书记）精准

2013年底，中共中央办公厅、国务院办公厅印发《关于创新机制扎实推进农村扶贫开发工作的意见》，要求普遍建立驻村工作队制度。2015年4月，中央组织部、中央农村工作领导小组办公室、国务院扶贫开发领导小组办公室印发了《关于做好选派机关优秀干部到村任第一书记工作的通知》（以下简称《通知》），对驻村第一书记的选派条件、选派范围、工作职责等方面提出具体要求。同时强调，在对选派优秀干部到村任第一书记时，要重点关注党组织软弱涣散和建档立卡的贫困村，并将其纳入选派第一书记的重点范围中。2015年11月，《关于打赢脱贫攻坚战的决定》进一步强调要"注重选派思想好、作风正、能力强的优秀年轻干部到贫困地区驻村"。在选派范围上，《通知》要求选派驻村第一书记对党组织软弱涣散村和建档立卡贫困村（重点区域是14个连片特困地区和国家扶贫开发工作重点县）实现全覆盖，对革命老区、边疆民族地区以及灾后重建地区要做到应派尽派，对其他类型村根据实际选派。同时，明确了驻村第一书记推动精准扶贫工作的职责：重点是大力宣传党的扶贫开发和强农惠农富农政策，深入推动政策落实；带领派驻村开展贫困户识别和建档立卡工作，帮助村"两委"制订和实施脱贫计划；组织落实扶贫项目，参与整合涉农资金，积极引导社会资金，促进贫困村、贫困户脱贫致富；帮助选准发展路子，培育农民合作社，增加村集体收入，增强"造血"功能。

贫困村第一书记作为前线的扶贫工作者，其选拔与选派关系着扶贫工作的最终成效。因此，要建立起一系列严格的管理考核制度，确保"因村派人精准"。从因村派人精准扶贫管理方面看，《通知》对第一书记的任期、人事关系、工资待遇、工作经费等方面提出了相应的规定和要求。从因村派人精准扶贫考核方面看，既有对驻村干部的专项考核，也有对精准扶贫成效的考核。

六、脱贫成效精准

对脱贫成效进行督查、考核、评估是确保精准脱贫的重要方式。在脱贫成效督查方面，国务院扶贫开发领导小组、各省区市党委和政府组织开展扶贫巡查，分年度、分阶段定期或不定期进行督导和专项检查。对贫困退出工作中发生重大失误、造成严重后果的，对存在弄虚作假、违规操作等问题的，依纪依法追究相关部门和人员责任。在考核方面，贫困退出年度任务完成情况纳入中央对地方省级党委和政府扶贫开发工作成效考核内容。

建立健全考核机制、贫困退出机制和第三方评估机制是脱贫成效精准的三种主要路径，为精准扶贫工作的推进提供体制机制保障。2016年2月，中共中央办公厅、国务院办公厅印发了《省级党委和政府扶贫开发工作成效考核办法》，对脱贫成效考核、评估工作作出了详细的规定和说明。考核工作从2016年到2020年，每年开展一次，由国务院扶贫开发领导小组组织进行，具体工作由国务院扶贫办、中央组织部牵头，会同国务院扶贫开发领导小组成员单位组织实施。考核内容包括四个方面：一是减贫成效。考核建档立卡贫困人口数量减少、贫困县退出、贫困地区农村居民收入增长情况。二是精准识别。考核建档立卡贫困人口识别、退出精准度。三是精准帮扶。考核当地群众对驻村工作队和帮扶责任人帮扶工作的满意度。四是扶贫资金。依据财政专项扶贫资金绩效考评办法，重点考核各省（自治区、直辖市）扶贫资金安排、使用、监管和成效等。考核工作包括五个步骤：一是省级总结。各省（自治区、直辖市）党委和政府对照国务院扶贫开发领导小组审定的年度减贫计划，就工作进展情况和取得成效形成总结报告，报送国务院扶贫开发领导小组。二是第三方评估。国务院扶贫开发领导小组委托有关科研机构和社会组织，采取专项调查、抽样调查和实地核查等方式，对相关考核指标进行评估。三是数据汇总。国务院扶贫办会同有关部门对建档立卡动态监测数据、国家农村贫困监测调查数据、第三方评估和财政专项扶贫资金绩效考评情况等进行汇总整理。四是综合评价。国务院扶贫办会同有关部门对汇总整理的数据和各省（自治区、直辖市）的总结报告进行综合分析，形成考核报告。考核报告应当反映基本情况、指标分析、存在问题等，作出综合评价，提出处理建议，经国务院扶贫开发领导小组审议后，报党中央、国务院审定。五是沟通反馈。国务院扶贫开发领导小组向各省（自治区、直辖市）专题反馈考核结果，并提出改进工作的意见建议。

第三节　精准扶贫精准脱贫的实现路径

2015年10月16日，习近平总书记在减贫与发展高层论坛上首次提出"五个一批"的脱贫措施，为打通脱贫"最后一公里"开出破题药方。随后，"五个一批"的脱贫措施被写入《关于打赢脱贫攻坚战的决定》，经中共中央政治局会议审议通过。"五个一批"工程，即发展生产脱贫一批，易地搬迁脱贫一批，生态补偿脱贫一批，发展教育脱贫一批，社会保障兜底一批。

一、发展生产脱贫一批

发展生产脱贫一批，引导和支持所有有劳动能力的人依靠自己的双手开创美好明天，立足当地资源，实现就地脱贫。发展特色产业促进脱贫是我国农村扶贫开发的一条成功经验。产业发展的关键在于选好选准特色产业，并以提升贫困地区和贫困人口的内生动力为主要目标。《关于打赢脱贫攻坚战的决定》提出：要重点支持贫困村、贫困户因地制宜发展种养业等；实施贫困村"一村一品"产业推进行动，扶持建设一批贫困人口参与度高的特色农业基地。当然，由于贫困户的生产决策、经营发展和市场适应能力比较薄弱，需要借助市场力量带动贫困户发展，形成脱贫增收合力，提高扶贫效益。要加强贫困地区农民合作社和龙头企业培育，发挥其对贫困人口的组织和带动作用，强化其与贫困户的利益联结机制。另外，要注重产业发展的可持续性，务必将各地资源禀赋的独特性与市场需求相结合，因地制宜发展产业，防止产业同质化发展，让贫困人口在产业发展中促增收、得实惠。

《关于打赢脱贫攻坚战的决定》明确提出，将引导劳务输出脱贫作为新时期脱贫攻坚的重要方式之一，"促进农村贫困人口转移就业，就是对农村贫困人口开展技能培训，提升贫困人口的技能水平，有序引导其就业，让他们靠勤劳致富。职业技能培训是把农村剩余劳动力通过转移就业输送出去的重要基础。加大劳务输出培训投入，统筹使用各类培训资源，以就业为导向，提高培训的针对性和有效性。加大职业技能提升计划和贫困户教育培训工程实施力度，引导企业扶贫与职业教育相结合，鼓励职业院校和技工学校招收贫困家庭子女，确保贫困家庭劳动力至少掌握一门致富技能，实现靠技能脱贫。进一步加大就业专项资金向贫困地区转移支付力度。支持贫困地区建设县乡基层劳动就业和社会保障服务平台，引导和支持用人企业在贫困地区建立劳务培训基地，开展好订单定向培训，建立和完善输出地与输入地劳务对接机制"。同时，也要加大对贫困地区农民工返乡创业政策扶持力度。

二、易地搬迁脱贫一批

进入脱贫攻坚新阶段，中国仍有约1000万农村贫困人口居住在深山、石山、荒漠、高寒等"一方水土养不起一方人"地区。这些贫困人口的贫困问题是中国脱贫攻坚贫困问题中的"最短板"，是当前任务最重、难度最大的"硬骨头"。为此，将易地扶贫搬迁作为精准扶贫、精准脱贫"五个一批"的重要一批，加大力度组织实施。2015年12月，国家发改委、国务院扶贫办、财政部、国土资源部、中国人民银行联合印发的《"十三五"时期易地扶贫搬迁工作方案》，是新一轮易地扶贫搬迁工作的行动指南，明确了易地扶贫搬迁工作的总体要求、搬迁对象与安置方式、建设内容与补助标准、资金筹措、职责分工、政策保障等。2016年9月，国家发展改革委印发了《全国"十三五"易地扶贫搬迁规划》，指出在5年内要对已经建档立卡的1000万贫困人口完成易地扶贫搬迁工作。

根据《全国"十三五"易地扶贫搬迁规划》，易地扶贫搬迁的区域有四类地区：一是深山石山、边远高寒、荒漠化和水土流失严重，且水土、光热条件难以满足日常生活生产需要，不具备基本发展条件的地区；二是国家主体功能区规划中的禁止开发区域或限制开发区域；三是交通、水利、电力、通信等基础设施，以及教育、医疗卫生等基本公共服务设施十分薄弱，工程措施解决难度大、建设和运行成本高的地区；四是地方病严重、地质灾害频发，以及其他确需实施易地扶贫搬迁的地区。这些迁出区域范围涉及全国22个省（区、市）约1400个县（市、区）。易地扶贫搬迁要遵守四项原则：一是精准识别，精准搬迁。易地扶贫搬迁各项政策、各项资金都要精准集聚，优先保障建档立卡贫困人口搬迁安置和后续脱贫，防止"大水漫灌"。二是群众自愿，应搬尽搬。充分尊重搬迁群众意愿，不搞强迫命令，防止以易地扶贫搬迁之名搞运动式搬迁。三是保障基本，完善配套。做好建档立卡搬迁人口安置住房的规划和建设，严禁"垒大户""造盆景"，防止因建房面积过大而增加搬迁群众负担，使建档立卡搬迁人口因建房而负债。四是整合资源，稳定脱贫。紧密围绕搬迁对象脱贫目标，坚持因地制宜、多措并举、精准施策，把扶持搬迁对象后续发展摆在更加重要位置，搬迁安置与产业发展同步推进，实现稳定脱贫。事实上，易地扶贫搬迁是一项艰巨、复杂的系统工程，涉及群众迁移、互访建设、配套设施建设、搬迁人口后续发展、资金资源整合等各方面。总体来看，可以概括为"挪穷窝""换穷业"和"斩穷根"。

三、生态补偿脱贫一批

习近平总书记指出，我们既要绿水青山，也要金山银山。宁要绿水青山，不要金山银山，而且绿水青山就是金山银山。这一理念的提出充分强调了生态环境与经济发展平等甚至更为重要的地位，体现了生态环境在经济发展中的优先重要性。《关于打赢脱贫攻坚战的决定》提出，要牢固树立并切实贯彻"创新、协调、绿色、开放、共享"的发展理念，坚持扶贫开发与生态保护并重，坚持保护生态与绿色发展的基本原则，牢固树立"绿水青山就是金山银山"的理念，把生态保护放在优先位置，扶贫开发不能以牺牲生态为代价，必须探索生态扶贫的新路子，让贫困人口从生态建设与修复中得到更多实惠。

2018年1月，国家发展改革委、国家林业局、财政部、水利部、农业部、国务院扶贫办共同制定了《生态扶贫工作方案》，提出通过大力发展生态产业，力争到2020年带动约1500万贫困人口增收。

近年来，各地在国家生态扶贫制度安排下不断实践探索，因地制宜、创新实践，取得显著的减贫效果，也形成了卓有成效的生态扶贫模式。建立并完善相关的生态补偿机制，既要做好对生态脆弱地区的环境保护和修复工作，又要确保当地贫困地区的贫困户能增加收入，如期脱贫。为此，一方面，扩大"生态补偿脱贫"政策的实施范围，政府应当拨付专项资金用于支持重点生态功能保护区的生态保护和治理工作，加大对遭受破坏功能区的修复力度。另一方面，在贫困地区扩大退耕还林、退耕还草的范围，适当给予当地贫困农户补偿性收入。

四、发展教育脱贫一批

教育是民生之本，教育的发展关系到贫困地区利用文化、技术资源自主发展的能力。接受教育是每个适龄儿童应享受的基本权利，而大力推进贫困地区的教育发展有助于提升国民素质。"治贫先治愚、扶贫必扶智"。党的十八大以来，在习近平总书记关于扶贫工作的重要论述指导下，中国教育扶贫顶层设计的核心理念逐渐由追求教育起点公平转向追求教育过程公平，实施教育精准扶贫，不仅发挥了教育扶贫扶志的作用，也通过教育资源的均等化配置阻断贫困的代际传递。

《关于打赢脱贫攻坚战的决定》将教育扶贫定位于"阻断贫困代际传递"的重要实现手段，并将其实现路径确定为"让贫困家庭子女都能接受公平有质量的教育"。《"十三五"脱贫攻坚规划》《教育脱贫攻坚"十三五"规划》《国家教育事业发展"十三五"规划》等政策文件对教育精准扶贫作出了顶层设计。上述规划提出，要全面推进教育精准扶贫、精准脱贫。对接农村贫困人口建档立卡数据库，提高教育扶贫精准度，让贫困家庭子女都能接受公平有质量的教育，阻断贫困代际传递。进一步完善贫困县的教育扶持政策，相关教育项目优先支持贫困县。免除公办普通高中建档立卡等家庭经济困难学生（含非建档立卡的家庭经济困难残疾学生、农村低保家庭学生、农村特困救助供养学生）学杂费，加大对贫困家庭学生的资助力度。继续对农村和贫困地区学生接受高等教育给予倾斜，让更多困难家庭孩子能够受到良好教育，拥有更多上升通道。党的十八大以来，教育部采取超常规政策举措，精准聚焦贫困地区的每一所学校、每一名教师、每一个孩子，启动实施教育扶贫全覆盖行动，先后组织实施了20项教育惠民政策措施，实现了贫困地区义务教育普及、学校基础设施建设、学生资助体系、教师队伍建设、民族教育发展、职业教育提升等领域的教育扶贫全方位覆盖。

五、社会保障兜底一批

社会保障兜底一批，是指对那些完全或者部分丧失劳动能力的贫困人口要给予社会保障，以确保每一位贫困户的基本生活得以维持。从政策体系构成来看，社会保障兜底是指农村最低生活保障制度和社会救助制度，以及与之相关的一揽子医疗、教育和住房政策体系。农村最低生活保障制度是指对农村家庭人均纯收入低于当地最低生活保障标准的家庭按当地最低生活保障标准给予救助的制度，是在农村特困群众定期定量生活救济制度基础上逐步发展和完善的一项社会救助制度。在制度属性上，它是农村居民维持生存和生活的最后的一道防线，是属于最低层次的社会保障制度，是农村困难群众的最后一道"安全网"。党的十八大以来，为了在顶层设计层面规范农村最低生活保障制度和扶贫开发政策的衔接与运行，国务院办公厅于2016年4月转发民政部等部门《关于做好农村最低生活保障制度与扶贫开发政策有效衔接的指导意见》，要求坚持应扶尽扶、应保尽保、动态管理、资源统筹等原则，并从对象衔接、标准衔接、管理衔接三个方面提出农村低保制度与扶贫开发政策两项制度衔接的实现路径。社会救助体系涵盖最低生活保障、特困人员供养、受灾人员救助、医疗救助、临时救助、教育救助、住房救助、就业救助等8个方面，体现了国家对特殊困难群体"保基本、全覆盖、多层次、可持续"的保障理念。近年来，脱贫攻坚、民生兜底保障作用有效发挥。2017年，全国所有县（市、区、旗）农村低保标准达到或超过国家扶贫标准，城乡低保标准同比分别增长 9.9% 和 16.6%，全国所有县（市、区、旗）建立困难群众基本生活保障工作协调机制，残疾人两项补贴制度分别惠及 1000 多万残疾人，帮助 76 万名无人监护的农村留守儿童落实监护措施、18 万名农村留守儿童登记落户、1.6 万名农村留守儿童返校复学。

第四节　精准扶贫精准脱贫的核心目标

一、建档立卡，动态管理解决"扶持谁"

解决"扶持谁"的问题，就是要找准扶贫对象，扶持真正的贫困人口。党的十八大以来，为解决这一反贫困领域面临的共同难题，实现扶贫对象精准，解决好"扶持谁"的问题，中国逐渐探索出一套行之有效的贫困精准识别工作机制,即自上而下与自下而上相结合的精准识别机制。按照中共中央办公厅、国务院办公厅印发的《关于创新机制扎实推进农村扶贫开发工作的意见》，国家统一制定识别办法，按照县为单位、规模控制、分级负责、精准识别、动态管理的原则，开展贫困人口识别、建档立卡和建立全国扶贫信息网络系统等工作，做到把扶贫政策精准落实到贫困村、贫困户。一些地方探索建立"一看二算三比四议五定"的工作程序，创新"一表一档一卡两单五簿五册"动态管理体系，不断推进精准识别、精细化管理。

2014 年，全国组织 80 多万人进村入户，共识别 12.8 万个贫困村，2948 万贫困户、8962 万贫困人口，基本摸清了我国贫困人口分布、致贫原因、脱贫需求等信息，建立起了全国统一的扶贫开发信息系统。经过 2015 年至 2016 年的建档立卡"回头看"，2017 年组织各地完善动态管理，建档立卡使我国贫困数据第一次实现了到村到户到人，为中央制定精准扶贫政策措施、实行最严格考核制度和保证脱贫质量打下了基础。建档立卡在中国扶贫开发历史上第一次实现贫困信息精准到户到人，第一次逐户分析致贫原因和脱贫需求，第一次构建起全国统一的扶贫开发信息系统，为实施精准扶贫精准脱贫方略、出台"五个一批"政策举措提供了数据支撑,扣好了脱贫攻坚工作的"第一颗扣子"。

二、发挥优势,社会动员解决"谁来扶"

习近平总书记指出,扶贫开发要坚持发挥政治优势和制度优势。党的坚强全面领导和社会主义制度集中力量办大事的优势,是塑造现有扶贫治理体制机制的重要保障,是坚持我国扶贫开发的规划性和持续性优势。脱贫攻坚任务重的地区党委和政府要把脱贫攻坚作为"十三五"期间头等大事和第一民生工程来抓,省(区、市)、市、县、乡、村五级书记一起抓扶贫,层层落实责任;向贫困村派出第一书记和驻村工作队,把脱贫攻坚任务落实到"最后一公里",不脱贫不脱钩;把贫困地区作为锻炼、培养干部的重要基地,把脱贫攻坚实绩作为选拔、任用干部的重要依据。习近平总书记还指出,扶贫开发是全党全社会的共同责任,要动员和凝聚全社会力量广泛参与,构建大扶贫格局,共同向贫困宣战,形成脱贫攻坚的强大合力。解决"谁来扶"的问题,就是要整合政府、市场、社会各方面力量,因村派人精准,落实扶贫责任,形成扶贫脱贫合力。

中央要求,每个贫困村都要派驻村工作队,每个贫困户都要有帮扶责任人,实现全覆盖。截至2016年底,全国共选派77.5万名干部驻村帮扶,中央组织部组织开展抓党建促脱贫攻坚工作,选派19.5万名优秀干部到贫困村和基层党组织薄弱涣散村担任第一书记。第一书记和驻村干部履行教育发动、引导指导群众,激发群众内生动力,推动各项精准扶贫政策措施落地落实等职责。同时,东西扶贫协作深化,结对关系调整完善。东部267个经济较强县(市、区)结对帮扶西部406个贫困县,中央层面共有320个单位定点帮扶592个贫困县,实施"百县万村"行动、"万企帮万村"等社会扶贫。

三、精准施策,有效对接解决"怎么扶"

精准帮扶是扶贫开发从"大水漫灌"转向"精准滴灌"的重要方式,也是解决"怎么扶"基本问题的关键。以精准帮扶实现贫困人口稳定脱贫,既要瞄准贫困人口的脱贫需求,将扶贫项目、资金、措施与贫困人口脱贫发展需求相衔接,又要注重培育和提升贫困人口的内生发展动力和能力,实现扶贫与扶志、扶智相结合。

习近平总书记指出,要解决好"怎么扶"的问题,按照贫困地区和贫困人口的具体情况,实施"五个一批"工程。要提高扶贫措施有效性,核心是因地制宜、因人因户因村施策,突出产业扶贫,提高组织化程度,培育带动贫困人口脱贫的经济实体。推进精准帮扶工作是解决"怎么扶"问题的重点,要实现"项目安排精准、资金使用精准、因村派人精准"。瞄准建档立卡贫困对象,建立需求导向的扶贫行动机制,深入分析致贫原因,逐村逐户制订帮扶计划,专项扶贫措施与精准识别结果和贫困人口发展需求相衔接。自实施精准扶贫以来,中央和国家机关各部门共出台 200 余个政策文件或实施方案,各地方相继出台和完善"1+N"的脱贫攻坚系列文件。需求导向、动员参与、有效对接的扶贫脱贫帮扶体系业已形成。

四、严格评估,防止返贫解决"如何退"

习近平总书记指出,精准扶贫是为了精准脱贫,要设定时间表,实现有序退出,既要防止拖延病,又要防止急躁症。要实行严格评估,按照摘帽标准验收,坚持成熟一个摘一个;要实行逐户销号,做到脱贫到人,是否脱贫要同群众一起算账,要群众认账;脱贫评估防止形式主义,做到高标准验收;坚持"早脱帽子早有好处、不脱帽子还有约束"的导向,做到脱贫过程扎实,脱贫结果真实;防止返贫和继续攻坚同样重要,已经摘帽的贫困县、贫困村、贫困户,要继续巩固,增强"造血"功能,建立健全稳定脱贫长效机制;对符合退出标准的贫困对象,要留出缓冲期,在一定时间内实行"摘帽不摘政策";继续实施未完成的扶贫项目,通过"扶上马送一程",防止返贫,继续攻坚,巩固脱贫基础。2016 年 4 月,中共中央办公厅、国务院办公厅印发了《关于建立贫困退出机制的意见》,对贫困户、贫困村、贫困县退出标准、程序和相关要求作出了细致规定,为贫困人口脱贫提供了制度保障。

建立贫困退出机制,明确规定贫困县、贫困人口退出的标准、程序和后续政策。指导各地制定脱贫滚动规划和年度计划，实施贫困县和贫困村有序退出。各省（自治区、直辖市）签订年度减贫责任书，层层分解任务，落实到县到村到户到人。对贫困退出开展考核评估检查，建立第三方评估机制，开展扶贫成效和群众满意度调查，防止数字脱贫、虚假脱贫，确保脱贫质量。脱贫退出后，在攻坚期内继续享受原有扶贫政策。

思考题

1. 简述精准扶贫、精准脱贫方略的形成过程。
2. 简述"六个精准"与解决"四个问题"之间的关系。
3. 简述将"五个一批"从顶层设计转化为具体实践的路径和方式。

扩展阅读

黄承伟、覃志敏：《精准扶贫精准脱贫方略》，湖南人民出版社2018年版。

陆汉文、黄承伟：《中国精准扶贫发展报告：精准扶贫的顶层设计与具体实践（2017）》，社会科学文献出版社2017年版。

国务院扶贫开发领导小组办公室：《脱贫攻坚政策解读》，党建读物出版社2016年版。

第四讲　脱贫攻坚制度体系

【导　读】本讲依据中央出台的政策文件与实施方案，对脱贫攻坚的制度体系内在结构、主要内容进行了系统介绍。第一，介绍了涵盖扶贫开发管理体制、主体责任体制、帮扶责任体制三个方面的责任体系；第二，阐释了以精准扶贫、精准脱贫政策及脱贫攻坚配套政策为主的政策体系；第三，阐述了财政、金融、土地的投入体系；第四，从社会动员、宣传、干部培训三个方面论述了社会动员与培训体系；第五，简要介绍了监督体系的基本情况；第六，介绍了考核体系的主要内容、基本方法与成果运用。

第一节　脱贫攻坚制度体系概述

党的十八大以来，以习近平总书记关于扶贫工作重要论述为指引，中共中央、国务院陆续颁布了《关于打赢脱贫攻坚战的决定》《"十三五"脱贫攻坚规划》《关于支持深度贫困地区脱贫攻坚的实施意见》《关于打赢脱贫攻坚战三年行动的指导意见》等纲领性文件，对脱贫攻坚总体思路、目标任务、实现路径进行了决策部署，制定实施了一系列超常规政策措施。为进一步深入贯彻习近平总书记关于扶贫工作重要论述、细化落实中央决策部署，中共中央、国务院出台扶贫文件5个，中共中央办公厅、国务院办公厅出台扶贫文件20个，中央和国家机关各部门出台政策文件或实施方案256个，形成广泛的政策合力。内容涉及产业扶贫、易地扶贫搬迁、劳务输出扶贫、交通扶贫、水利扶贫、教育扶贫、健康扶贫、金融扶贫、农村危房改造、土地增减挂钩、资产收益扶贫等,瞄准贫困人口,因地制宜,分类施策。这些政策部署,共同构成了新时期脱贫攻坚战的顶层设计体系,涵盖了脱贫攻坚责任、政策、投入、监督、考核等6个方面,为决胜全面建成小康社会背景下的脱贫攻坚战,提供了有力的制度支撑。

第二节 脱贫攻坚责任体系

打赢脱贫攻坚战,时间紧、任务重,涉及多个领域、多个政府层级、多元主体的协同行动,因此建立并完善脱贫攻坚的责任体系,形成全党全社会高度动员、协同推进的局面,是新时期脱贫攻坚顶层设计的首要问题。具体来说,脱贫攻坚的责任体系体现在"中央统筹、省负总责、市县抓落实"的扶贫开发管理体制、"五级书记一起抓扶贫"的主体责任体制,以及各参与主体合力攻坚的帮扶责任体制三个方面。

一、中央统筹、省负总责、市县抓落实的扶贫开发管理体制

中国农村贫困的一个突出特点是贫困人口分布广,规模大,致贫因素复杂,各贫困地区和贫困村在自然地理条件、经济社会文化特征,以及资源禀赋状况等诸方面均存在着显著的差异。因此,进行有效的贫困治理,需要坚持精准扶贫、精准脱贫的基本方略,做到因地制宜、分类施策。如何让国家扶贫开发政策供给能够更加准确地匹配贫困地区、贫困村和贫困人口多元化差异化的减贫与发展需求,是脱贫攻坚制度体系设计首先需要解决的问题。另外,中国农村贫困问题的有效治理,需要置于中国农村改革与发展的历史语境中认识。现实地看,贫困地区基础设施、基本公共服务、基础产业和基层组织普遍存在短板,新时期各类政策力量、生产要素进入贫困农村地区的渠道还不够畅通,因而补齐农村贫困地区的各类短板,破

解制约贫困地区发展的体制机制性因素，需要立足全局，高位谋划、统筹推进各项改革。鉴此，新时期中国脱贫攻坚制度体系的顶层设计，突出强调各级政府都要承担起责任，发挥好中央和地方两个积极性，形成上下联通、高效协同的管理体制。

党的十八大以来，按照"中央统筹、省负总责、市县抓落实"的扶贫开发工作管理机制，中央一级负责制定脱贫攻坚的大政方针，出台重大政策举措，完善体制机制，规划重大工程项目，协调全局性重大问题、全国性共性问题，指导各地制订脱贫滚动规划和年度计划。中央和国家机关按照工作职责，落实脱贫攻坚责任。省负总责，省级党委和政府对本地区脱贫攻坚工作负总责，抓好目标确定、项目下达、资金投放、组织动员、监督考核等工作，确保责任制层层落实。中西部22个省份党政主要负责同志向中央签署脱贫攻坚责任书，立下军令状，每年定期向中央报告脱贫攻坚工作进展情况。市级党委和政府主要负责上下衔接、域内协调、督促检查工作，把精力集中在贫困县如期摘帽上。县级党委和政府承担主体责任，书记和县长是第一责任人，做好进度安排、项目落地、资金使用、人力调配、推进实施等工作。

通过合理安排各级政府在脱贫攻坚中的权责，形成了合理分工，各司其职，有序推进的工作局面。一方面，通过高位推动、深化改革，使以前制约基层扶贫开发工作有效开展的众多体制机制障碍得以有效破除。另一方面，资源配置的重心下沉到脱贫攻坚的"一线战场"，让贫困村和贫困农户发挥主体作用，合理谋划发展道路。

二、"五级书记一起抓扶贫"的领导责任体制

党的领导，是中国特色社会主义减贫道路最突出的政治优势，党的领导有利于在脱贫攻坚过程中统筹全局、协调各方，有利于资源和人力的调度与合理使用，通过加强党对扶贫开发事业的领导，脱贫攻坚有了强有力的领导体制和组织保障。特别是通过加强党对扶贫开发工作的领导，各级党委、政府及各部门、社会各界对脱贫攻坚的认识水平和政治站位有了极大提升，自觉用习近平总书记关于扶贫工作重要论述武装全党，聚精会神地按照精准扶

贫、精准脱贫的基本方略有序推进各项工作开展。

按照习近平总书记的要求，各省区市自上而下地形成了"五级书记一起抓扶贫"的领导责任体制，脱贫攻坚任务重的省份，将打赢脱贫攻坚战作为"第一民生工程"和"头等大事"来抓，以脱贫攻坚统揽经济社会发展全局，各级党委作为脱贫攻坚的第一责任主体，为赢得脱贫攻坚战的胜利奠定了政治基础和组织基础。

三、全党全社会合力攻坚的帮扶责任体制

全党全社会的广泛参与是中国扶贫开发道路的突出特点，是社会主义制度优越性的重要体现。新时期，东西部协作扶贫、定点扶贫，以及社会各界合力攻坚，汇聚起了磅礴的攻坚合力，不仅有效增强了国家减贫治理体系的资源动员能力，也不断推动着扶贫开发领域的改革与创新。为了有效凝聚合力，动员全党全社会有序参与，更好地发挥效能，建立合力攻坚的责任体系是关键。以东西部扶贫协作为例，为了确保帮扶具有实效，中共中央办公厅、国务院办公厅联合印发了《关于进一步加强东西部扶贫协作工作的指导意见》，意见中明确了东西部协作中产业合作、劳务协作、人才支援、资金支持、社会参与等五项重点工作，并围绕每一项工作，明确了帮扶方和被帮扶方各自的责任，确保各项政策部署能够落到实处。可以说，合力攻坚的帮扶责任体制，有力拓展了脱贫攻坚的资源总量，促使社会扶贫力量有序参与脱贫攻坚，迸发出巨大力量。

第三节 脱贫攻坚政策体系

2013年，习近平总书记在湖南湘西花垣县十八洞村考察的时候，第一次明确提出了"精准扶贫"的治贫理念，此后总书记多次在重要场合发表长篇讲话，多次作出重要指示、批示，对精准扶贫、精准脱贫的内涵与方法进行阐释。特别是2015年6月18日，习近平总书记在贵阳召开部分省区市主要

负责同志"十三五"规划座谈会时发表重要讲话,系统阐述了精准扶贫、精准脱贫的基本方略,强调要坚持做到"六个精准""五个一批";此后,习近平总书记先后在中央扶贫开发工作会议、十八届中央政治局第39次集体学习、"两会"期间参加四川代表团审议等重要场合多次强调精准扶贫、精准脱贫的理论与方法,提出了解决好"四个问题""下一番绣花功夫"的要求。

围绕着贯彻落实习近平总书记关于扶贫工作重要论述,践行精准扶贫、精准脱贫基本方略,党中央、国务院及中央和国家机关各部门密集谋划了一揽子政策,共同构筑起脱贫攻坚的政策体系。大致而言,脱贫攻坚的政策体系包含两大板块:一是聚焦"六个精准""五个一批",直接作用于脱贫攻坚各领域的政策部署;二是因应新时期农村减贫与发展形势变动和破解制约贫困地区农村脱贫增收各项体制机制障碍的配套改革政策。

一、精准扶贫精准脱贫政策体系

新时期,中国农村减贫形势发生了重要的变化,除具有制约发展的共性短板因素依然存在之外,各贫困地区、贫困村和贫困户之间致贫因素的组合以及潜在的资源禀赋等特征,存在着显著的差异,因此"扶到点上、扶到根上"就要坚持"因地制宜、分类施策"的精准思维。可以说,坚持精准扶贫、精准脱贫的基本方略是高质量打赢脱贫攻坚战,让减贫成果得到人民认可、经得起历史检验的关键。习近平总书记多次强调,新时期扶贫开发"贵在精准、重在精准、成败之举在于精准"。具体而言,在扶贫开发过程中做到"六个精准",以"五个一批"为方法,解决好"四个问题"。细言之,要坚持做到"扶持对象精准、项目安排精准、资金使用精准、措施到户精准、因村派人精准、脱贫成效精准的要求,使建档立卡贫困人口中有5000万人左右通过产业扶持、转移就业、易地搬迁、教育支持、医疗救助等措施实现脱贫,其余完全或部分丧失劳动能力的贫困人口实行社保政策兜底脱贫"。从而切实解决好"扶持谁""谁来扶""怎么扶"和"如何退"的问题。

"六个精准"和"五个一批"的要求,是精准扶贫、精准脱贫基本方略在政策体系设计方面的重要呈现,也是根本的原则。2015年,中共中央、国务院联合印发《关于打赢脱贫攻坚战的决定》，进一步明确了实施精准扶贫方略、加快贫困人口精准脱贫的政策举措，包括健全精准扶贫工作机制、发展特色产业脱贫、引导劳务输出脱贫、实施易地搬迁脱贫、结合生态保护脱贫、加强教育脱贫、开展医疗保险和医疗救助脱贫、实行农村最低生活保障制度兜底脱贫、探索资产收益扶贫、健全特殊人群关爱服务体系等，成为指导当前和今后一个时期脱贫攻坚的纲要性文件。按照习近平总书记关于扶贫开发的重要论述指引，国家陆续提出"六个精准""五个一批""六项行动""十项扶贫工程"等，具体部署和落实精准扶贫、精准脱贫的基本方略。2016年，国务院印发"十三五"脱贫攻坚规划，继续提出有关产业发展脱贫、转移就业脱贫、异地搬迁脱贫、教育扶贫、健康扶贫、生态保护扶贫、兜底保障等方面的政策规划。内容涉及产业扶贫、易地搬迁扶贫、劳务输出扶贫、交通扶贫、水利扶贫、教育扶贫、健康扶贫、金融扶贫、农村危房改造、土地增减挂钩、资产收益扶贫等，瞄准贫困人口，因地制宜，分类施策。

二、脱贫攻坚配套改革政策体系

为了保障脱贫攻坚各项决策部署落到实处，党的十八大以来，各领域启动了多项重大配套改革举措，以全面深化改革的思维为脱贫攻坚保驾护航。这些改革举措，直面基层推进扶贫开发工作深入开展中遇到的问题，为充分释放活力，促进精准扶贫、精准脱贫基本方略落地提供了有力支撑。以财政扶贫资金审批权改革为例，为了让项目安排和资金使用更加精准，2013年开始，财政扶贫资金项目审批权限下放到县，经过几年的努力，到县比例从2014年的70%提高到2016年的95%。同时，为了解决基层反映强烈的资金整合使用难问题，启动了贫困县统筹整合使用财政涉农资金试点，集中用于脱贫攻坚。相关配套改革涉及国土、金融、保险、投融资等多个领域，为脱贫攻坚战的有效开展提供了良好的政策环境，各项改革红利直接惠及民生，体现为老百姓实实在在的收益。

第四节　脱贫攻坚投入体系

在脱贫攻坚的进程中，投入保障是脱贫攻坚保障体系的重要方面，中央财政持续加大投入力度，逐步构建起了较为健全的财政扶贫投入体系，不断鼓励和引导各类金融机构加大对扶贫开发的金融支持，建立了全覆盖的金融组织体系，适度调整完善土地利用总体规划，优先保障扶贫开发用地需要，形成了比较完善的扶贫开发土地投入体系。财政投入体系、金融组织体系、社会资本投入体系、土地投入体系共同构成了脱贫攻坚的投入体系。

一、脱贫攻坚的财政投入体系

脱贫攻坚的财政投入体系紧紧围绕精准扶贫、精准脱贫运转，是财政部门履行职责的平台，是打赢脱贫攻坚战的重要支撑。政府在扶贫开发的财政投入中发挥主体和主导作用，大幅增加一般性转移支付和专项转移支付规模，积极开辟扶贫开发的资金渠道，确保政府扶贫投入力度与脱贫攻坚任务相适应，构建起了涵盖资金的投入主体、投入的工作机制、资金的精准使用等扶贫开发投入各个环节的财政投入体系。2011—2015年中央财政累积安排财政专项扶贫资金约1898亿元，2016年中央和省级财政专项扶贫资金首次突破1000亿元。2018—2020年，中央财政将在保证现有扶贫投入不减的基础上，新增深度贫困地区脱贫攻坚资金2140亿元，其中"三区三州"1050亿元。主要是通过增加财政专项扶贫资金、教育医疗保障资金等相关转移支付，加大重点生态功能区转移支付、农村危房改造补助资金、中央基建投资、车购税收入补助地方资金、县级基本财力保障机制奖补资金对深度贫困地区的倾斜力度，加大财政扶贫投入力度。

二、脱贫攻坚的金融政策体系

金融扶贫资源持续聚焦深度贫困地区，不断加大对建档立卡贫困户和扶贫产业项目、贫困村提升工程、基础设施建设、基本公共服务等重点领域的支持力度，建立了全面覆盖的金融组织体系，为攻克贫困堡垒、打赢脱贫攻坚战提供了重要支撑。党的十八大以来，金融领域支持脱贫攻坚推出了一系列重大举措，银行、货币、保险、资本市场助力脱贫攻坚的投入力度不断加大，实现形式不断丰富。主要包括四个方面内容：一是政策性、开发性、商业性、合作性以及新型金融机构，不断完善内部机构与网点的设置，不断提升贫困地区的金融服务能力。二是综合运用货币政策工具，加强资金筹集使用管理，不断扩大深度贫困地区信贷投放。三是发展多层次资本市场，拓宽贫困地区直接融资渠道。四是创新发展保险产品，提高贫困地区保险密度和深度。

三、脱贫攻坚的用地政策体系

精准扶贫、精准脱贫方略实施的过程中，基础设施、民生发展都需要一定的土地投入，尤其是深度贫困地区的易地搬迁扶贫，需要建设用地指标，安置搬迁贫困群众。为保障脱贫攻坚的土地供给，国土资源相关部门创新国土资源管理政策，调整完善土地利用总体规划与设计管理，在新增建设用地指标中优先保障扶贫开发用地需要，专项安排国家扶贫开发工作重点县年度新增建设用地指标，土地整治项目及资金补助向贫困地区倾斜，拓展城乡建设用地增减挂钩政策，允许贫困地区将城乡建设用地增减挂钩指标在省域范围内使用，形成了与打赢脱贫攻坚战相适应的用地政策体系。土地政策助力脱贫攻坚包括三个方面的内容：其一，调整完善土地利用总体规划，贫困地区所在的省（自治区、直辖市），充分考虑各地区扶贫开发，尤其是易地搬迁需要，优先安排脱贫攻坚中的民生用地，为扶贫开发提供落地空间。其二，拓展城乡建设用地增减挂钩政策。新增建设用地计划、增减挂钩节余指标调剂计划、工矿废弃地复垦利用计划向贫困地区倾斜。脱贫攻坚期内，国家每年对集中连片特困地区、国家扶贫开发工作重点县专项安排一定数量新增建设用地计划。贫困地区建设用地节余指标，允许在省域内调剂使用，省级国土资源主管部门建立台账，对全省节余指标进行统一管理。建立土地整治和高标准农田建设等新增耕地指标跨省域调剂机制。优先安排贫困地区土地整治项目和高标准农田建设补助资金，指导和督促贫困地区完善县级土地整治规划。其三，创新土地利用政策，探索盘活贫困村空闲住房及宅基地的经营方式，实施用地审批特殊政策，涉及农地转用或土地征收的，可边建边批，难以避免占用农田的纳入重大建设项目。贫困地区申报世界地质公园、国家地质公园，可不受单位命名年限等限制。

第五节　社会动员与宣传培训体系

扶危济困是中华民族的传统美德，共同富裕是中国共产党领导社会主义事业的本质要求，广泛动员社会力量参与脱贫攻坚，大力宣传脱贫攻坚典型案例、典型经验、典型人物，有助于凝聚最广泛的人心和力量，营造全社会关心扶贫、关心国家发展的良好氛围。党的十八大以来，脱贫攻坚的顶层设计强化了社会动员和宣传培训体系建设，取得了突出的成绩。

一、社会动员体系

中国特色社会主义减贫道路的基本经验之一是坚持不断巩固和完善"大扶贫"的工作格局。其中社会扶贫力量无疑是最具有中国特色、中国气派的。党的十八大以来，社会扶贫领域聚焦精准，优化工作机制和模式，经历着密集的创新，中央先后出台《关于进一步加强东西部扶贫协作工作的指导意见》《中央单位定点扶贫工作的指导意见》等指导性文件，细化实化帮扶任务和工作要求，构建了社会动员体系。主要包括东西部扶贫协作、中央单位定点扶贫、民营企事业"万企带万村"、社会组织扶贫、扶贫志愿服务、中国社会扶贫网、电商扶贫与网络扶贫、消费扶贫，其中，东西部协作和定点扶贫等领域工作以精准扶贫、精准脱贫的理念为指引不断深入。同时，健全社会力量参与机制，通过开展扶贫志愿活动、打造扶贫公益品牌、构建信息服务平台、推进政府购买服务等创新扶贫参与方式，构建社会扶贫"人人皆愿为、人人皆可为、人人皆能为"的参与机制。

二、加强脱贫攻坚宣传

2014年，国务院将10月17日确定为全国扶贫日，每年组织开展扶贫日系列活动。建立扶贫荣誉制度，设立全国脱贫攻坚奖，表彰脱贫攻坚模范，激发全社会参与脱贫攻坚的积极性。通过系统学习研究习近平总书记关于扶贫工作的重要论述和新时期脱贫攻坚的基本方略与政策部署，组织形式多样的宣讲和培训活动，增进了党政干部和社会各界对于脱贫攻坚重大战略意义、理论方法的认识；通过总结和宣传典型案例、典型经验，推进了各地的经验交流和创新模式扩散；通过开展形式多样的评比和宣传活动，营造了全社会共同参与扶贫开发的社会氛围。

三、加强扶贫干部教育培训

打好精准脱贫攻坚战，要培养造就一支懂扶贫、会帮扶、作风硬的扶贫干部队伍，全面加强扶贫干部教育培训是培养造就干部队伍的重要途径。党的十八大以来，为适应脱贫攻坚干部队伍能力建设需求，干部培训教育工作在内容建设、机制建设、形式创新等诸方面全面发力，成效显著。其一，根据脱贫攻坚实践要求，对扶贫干部教育培训的主要内容做了大量的建设和更新。主要包括深入学习贯彻习近平总书记关于扶贫工作的重要论述；深入学习领会党的十八大以来党中央关于脱贫攻坚的方针政策和党的十九大关于脱贫攻坚、实施乡村振兴战略等新部署新要求；学习精准扶贫、精准脱贫工作方法，补齐脱贫攻坚能力短板；加强扶贫领域作风教育等。其二，经过不懈努力，已经形成了分类分级分片推进扶贫干部教育培训工作。包括专题培训各省（自治区、直辖市）分管负责领导干部、脱贫攻坚任务重的市（地、州、盟）党政主要领导干部；加强对各级扶贫开发领导小组成员单位和有脱贫攻坚任务的其他部门扶贫干部的教育培训；轮训各级各类帮扶干部；加强对贫困村党组织书记、第一书记、"两委"成员、驻村干部、大学生村官等的教育培训。其三，为保障培训实效，在培训形式创新方面着力良多。包括充分发挥各级党校、行政学院、干部学院等干部教育培训机构作用，不断创新培训方法，多采用案例教学、现场教学、体验教学等实战培训方式，丰富培训内容。坚持问题导向、实践导向，紧扣脱贫攻坚中心任务和贫困地区发展需要，增强培训的针对性。

第六节　脱贫攻坚监督体系

良好的政策设计，需要结合有力的落实举措才能真正体现出预期的成效。脱贫攻坚涉及面广域宽，如何狠抓落实，解决实际工作中面临的突出问题，对于政策效能的充分显现至关重要。为此，新时期脱贫攻坚的顶层设计着力建设完备的监督体系，包括由国务院扶贫开发领导小组组织的督查和巡查、民主党派监督和社会监督三个方面。

党的十八大以来，围绕着脱贫攻坚目标的落实，2016年，中共中央办公厅、国务院办公厅联合印发《脱贫攻坚督查巡查工作办法》（以下简称《办法》），《办法》对中西部22个省（自治区、直辖市）党委和政府、中央和国家机关有关单位脱贫攻坚工作开展督查和巡查。由国务院扶贫开发领导小组根据当年脱贫攻坚目标任务，制定年度督查计划，督查内容涉及脱贫攻坚责任落实情况，专项规划和重大政策措施落实情况，减贫任务完成情况以及特困群体脱贫情况，精准识别、精准退出情况，行业扶贫、专项扶贫、东西部扶贫协作、定点扶贫、重点扶贫项目实施、财政涉农资金整合等情况，督查结果向党中央、国务院报告。督查坚持目标导向，着力推动工作落实。同时，国务院扶贫开发领导小组根据掌握的情况报经党中央、国务院批准，组建巡查组，不定期开展巡查工作。巡查坚持问题导向，着力解决突出问题。巡查的重点问题包括：干部在落实脱贫攻坚目标任务方面存在失职渎职，不作为、假作为、慢作为，贪占挪用扶贫资金，违规安排扶贫项目，贫困识别、退出严重失实，弄虚作假搞"数字脱贫"，以及违反贫困县党政正职领导稳定纪律要求和贫困县约束机制等。截至2018年，国务院扶贫开发领导小组已连续两年组织开展督查巡查，为各项决策部署和工作目标的落实提供了保障，解决了一些实际工作中存在的问题，保证了脱贫攻坚体系的执行力。此外，发挥民主党派监督的作用，8个民主党派中央分别对应8个贫困人口多、贫困发生率高的省份开展脱贫攻坚民主监督，成为彰显我国多党合作制度优势的新实践。扶贫部门加强与审计、财政等部门和媒体、社会等监督力量的全方位合作，综合运用各方面监督结果，加强对各地工作指导。设立12317扶贫监督举报电话，畅通群众反映问题渠道，接受全社会监督。

第七节　脱贫攻坚考核体系

考核评估是打赢脱贫攻坚战的重要制度保障。精准扶贫、精准脱贫方略实施以来，逐步构建起了完整系统的考核评估制度框架，为精准脱贫提供了制度保障。

一、考核评估的制度框架

2015年11月29日，中共中央、国务院印发了《关于打赢脱贫攻坚战的决定》（以下简称《决定》），要求"抓紧出台中央对省（自治区、直辖市）党委和政府扶贫开发工作成效考核办法""建立东西部扶贫协作考核评价机制"。"进一步加强和改进定点扶贫工作，建立考核评价机制"。据此，中共中央办公厅、国务院办公厅先后印发了《省级党委和政府扶贫开发工作成效考核办法》《关于建立贫困退出机制的意见》。国务院扶贫开发领导小组出台了东西部扶贫协作和中央单位定点扶贫考核办法。国务院扶贫办印发了贫困县退出评估检查实施办法。至此，逐步建立了中央层面"1+2+2+1"考核评估制度。各地也结合实际出台了脱贫攻坚考核评估政策文件，初步形成了纵向到底、横向到边的脱贫攻坚考核评估体系。主要包括以下几个主要的板块：

（一）省级党委和政府扶贫开发工作成效的考核

根据《省级党委和政府扶贫开发工作成效考核办法》，主要包括以下内容：

1. 考核范围。向党中央签订脱贫攻坚责任书的中西部22个省区市，从2016年到2020年，每年开展一次，由国务院扶贫开发领导小组组织。2. 考核内容。包括减贫成效、精准识别、精准帮扶、扶贫资金使用管理等4个方面，涉及建档立卡贫困人口数量减少和贫困县退出计划完成率、贫困地区农村居民收入增长率、贫困人口识别精准度和退出准确率、帮扶满意度、扶贫资金绩效等7项指标。3. 考核步骤。省级总结、实地考核评估、数据汇总、综合评价、沟通反馈等。4. 结果运用。考核结果由国务院扶贫开发领导小组予以通报，对完成年度计划减贫成效显著的省份给予一定奖励，对出现办法第7条所列问题的，由领导小组对省级党委、政府主要负责人进行约谈，提出限期整改要求，情节严重、造成不良影响的，实行责任追究。考核结果作为对省级党委、政府主要负责人和领导班子综合考核评价的重要依据。

（二）东西部扶贫协作成效的考核

根据东西部扶贫协作考核办法，2017—2020年，国务院扶贫开发领导小组每年组织对东部地区参加帮扶的9个省市和13个城市，西部地区被帮扶的12个省自治（自治区、直辖市）和中西部14个市（州）开展考核。东部地区主要考核组织领导、人才支援、资金支持、产业合作、劳务协作和携手奔小康行动等6个方面。西部地区主要考核组织领导、人才交流、资金使用、产业合作、劳务协作和携手奔小康行动等6个方面。考核结果由国务院扶贫开发领导小组向党中央、国务院报告后，在一定范围内通报，并作为对中西部省级党委和政府扶贫开发工作成效考核的参考依据。

（三）中央单位定点扶贫成效的考核

根据中央单位定点扶贫考核办法，2017—2020年，国务院扶贫开发领导小组每年组织对承担定点扶贫任务的中央单位进行考核，主要考核帮扶成效、组织领导、选派干部、督促检查、基层满意度、工作创新等6个方面。考核结果由国务院扶贫开发领导小组向党中央、国务院报告后，向各单位通报考核情况，表扬好的单位，指出存在问题，提出改进工作的要求。考核结果送中央组织部。

（四）贫困县扶贫脱贫成效的考核

2014年，中央组织部、国务院扶贫办印发《关于改进贫困县党政领导班子和领导干部经济社会发展实绩考核工作的意见》的通知，把扶贫开发作为贫困县经济社会发展实绩考核的主要内容，把提高贫困人口生活水平、减少贫困人口数量和改善贫困地区生产生活条件作为考核评价扶贫开发成效的主要指标，注重对减贫脱贫紧密关联的民生改善、社会事业发展情况、生态环境保护、党建等方面的考核。中西部22个省区市结合本地实际，制定了对贫困县的考核办法。

二、考核评估的基本方法

为适应脱贫攻坚考核的实践需要，党的十八大以来，脱贫攻坚考核评估采用综合的考核方法，力求准确把握各地脱贫攻坚实践的基本情况，为实绩考核、决策调整、工作推进落实提供坚实可信的依据。主要包括如下三种形式：其一，开展实地考核。包括省际交叉检查、第三方评估等。1. 省际交叉考核。发挥省、市、县行业扶贫和专项扶贫领域干部熟悉政策、掌握业务、了解情况的优势，安排部署各省区市扶贫开发领导小组从成员单位和市、县基层扶贫部门抽调骨干力量组成工作组，赴其他省份开展交叉考核。考核工作组随机抽取县乡村户，通过入户调研、资料查阅、座谈交流和项目核查等方式，重点核查被考核省份脱贫攻坚责任落实、政策落实和工作落实等情况。2. 第三方评估。充分发挥第三方评估科学抽样、定量分析的作用，重点评估贫困人口识别和退出准确率、因村因户帮扶工作群众满意度，以及"两不愁三保障"实现、脱贫攻坚政策到村到户落实情况。3. 媒体暗访考核。充分发挥媒体监督作用，组织记者深入基层开展暗访，围绕脱贫攻坚进展和贫困群众"两不愁三保障"目标落实情况，总结典型经验，查找突出问题。4. 扶贫资金绩效评价。发挥资金绩效评价全过程管理、专项评价的作用。每年由财政部、国务院扶贫办共同组织实施财政专项扶贫资金绩效评价，从资金投入、拨付使用、监督管理、扶贫成效等多个环节，重点查找分析影响各省区市扶贫资金使用效率、效益的主要因素和违法违纪违规问题。其二，平时掌握情况的梳理。收集行业部门专项检查、监督执纪和统计监测情况及数据，纳入综合分析评价范围。行业部门专项检查主要包括财政扶贫资金专项检查、贫困县涉农资金整合专项督查、贫困县退出专项评估检查、易地扶贫搬迁稽查等。监督执纪主要包括纪检、监察机关和审计等部门发现问题和脱贫攻坚民主监督、督查巡查、统计执法监督、信访暗访、舆情监测等情况。统计监测数据主要包括建档立卡脱贫人数、贫困县退出数据、全国和贫困地区农村居民可支配收入增幅等。其三，综合评价分析。在汇总整理年终考核结果和平时掌握情况的基础上，按照定性定量相结合、第三方评估与部门数据相结合、年度考核与平时掌握情况相结合的原则，对各省区市扶贫成效进行综合分析评价，形成考核结果。

三、考核成果运用

经党中央、国务院同意，对综合评价好的省份通报表扬，并在中央财政专项扶贫资金分配上给予奖励。对综合评价较差且发现突出问题的省份，党中央、国务院授权国务院扶贫开发领导小组约谈党政主要负责人，对综合评价一般或发现某些方面问题突出的省份，约谈省区市分管负责人。考核结果送中央组织部，作为对省级党委、政府主要负责人和领导班子综合考核评价的重要依据。党中央听取考核工作汇报后，中共中央办公厅、国务院办公厅通报考核情况、国务院扶贫开发领导小组约谈、扶贫办一对一反馈考核发现问题，中西部22省区市对标党中央精准扶贫、精准脱贫决策部署，全面查摆问题和不足，制定整改方案，推进问题整改落实。整改结束后，国务院扶贫开发领导小组组织对被约谈省份开展巡查，对其他省份进行督查，验收整改成果。

思考题

1. 简述脱贫攻坚责任体系的内容。
2. 简述脱贫攻坚投入体系。
3. 论述脱贫攻坚考核体系的制度框架与基本方法。

扩展阅读

1. 黄承伟、周跃辉主编：《抓党建促脱贫——基层党组织怎么办》，人民出版社2017年版。

2. 黄承伟：《中国扶贫行动》，五洲传播出版社2014年版。

3 杨秋宝主编：《精准扶贫精准脱贫公务员读本》，中国人事出版社2017年版。

第五讲　脱贫攻坚政策概览

【导　读】 本讲主要依据《关于打赢脱贫攻坚战三年行动的指导意见》等重要文件，对中央层面的脱贫攻坚政策体系进行简要介绍，为把握其基本内容、内在结构、现实目标提供指引。具体内容安排如下：首先，对"五个一批"到村到户精准扶贫政策进行逐项论述；其次，阐述脱贫攻坚重点地区和特殊群体的针对性倾斜政策；再次，分析脱贫攻坚基础设施建设的支持政策；最后，介绍动员社会力量参与脱贫攻坚的政策措施。

党的十八大以来，中共中央、国务院先后出台《关于打赢脱贫攻坚战的决定》《关于打赢脱贫攻坚战三年行动的指导意见》等重要文件，国务院印发《"十三五"脱贫攻坚规划》，中共中央、国务院出台扶贫文件5个，中共中央办公厅、国务院办公厅出台扶贫文件20个，中央和国家机关各部门出台政策文件或实施方案256个。

第一节　"五个一批"精准扶贫政策

2015年11月，习近平总书记在中央扶贫开发工作会议上强调："要解决好'怎么扶'的问题，按照贫困地区和贫困人口的具体情况，实施'五个一批'工程。一是发展生产脱贫一批，二是易地搬迁脱贫一批，三是生态补偿脱贫一批，四是发展教育脱贫一批，五是社会保障兜底一批。""五个一批"勾勒出到户到人精准帮扶政策的总体框架，为制定出台具体政策措施指明了方向。2016年11月，《"十三五"脱贫攻坚规划》把"五个一批"细化为产业发展脱贫、转移就业脱贫、易地搬迁脱贫、教育扶贫、健康扶贫、生态保护扶贫和兜底保障等7大重点任务；各相关部门沿此思路制定出台了系列政策措施。2018年6月，《关于打赢脱贫攻坚三年行动的指导意见》着眼于脱贫攻坚战最后3年任务，在总结梳理十八大以来"五个一批"实施经验的基础上，概括出到村到户到人十大精准帮扶举措。至此，"五个一批"的内涵更加明确、外延更加清晰。

一、发展生产脱贫

"授人以鱼，不如授人以渔。"帮助贫困人口通过发展生产（包含产业扶贫和就业扶贫两方面内容），提高收入，摆脱贫困，是全球反贫困理论与实践的核心议题，也是我国开发式扶贫的基本路径。

产业扶贫方面。一是发展特色产业，加快发展对贫困户增收带动作用明显的种植养殖业、林草业、农产品加工业、休闲农业和乡村旅游。将贫困地区特色农业项目优先列入优势特色农业提质增效行动计划，支持有条件的贫困县创办一二三产业融合发展扶贫产业园。组织国家级龙头企业与贫困县合作创建绿色食品、有机农产品原料标准化基地。二是实施电商扶贫，优先在贫困县建设农村电子商务服务站点，动员大型电商企业和电商强县对口帮扶贫困县，推进电商扶贫网络频道建设。三是实施资产收益扶贫，积极推动贫困地区农村资源变资产、资金变股金、农民变股东改革，确保贫困户获得稳定收益。支持农民合作社和其他经营主体通过土地托管、牲畜托养和吸收农民土地经营权入股等方式，带动贫困户增收。贫困地区水电、矿产等资源开发，赋予土地被占有的村集体股权，让贫困人口分享资源开发收益。四是加大金融扶贫力度。鼓励和引导商业性、政策性、开发性、合作性等各类金融机构加大对扶贫开发的金融支持。支持农村信用社、村镇银行等金融机构为贫困户提供免抵押扶贫小额信贷，由财政按基础利率贴现。支持贫困地区金融服务站建设，推广电子支付方式，逐步实现基础金融服务不出村。支持贫困地区开发特色农业险种，探索发展价格保险、产值保险、"保险+期货"等新型险种。

就业扶贫方面。推动就业意愿、就业技能与就业岗位精准对接，提高劳务组织化程度和就业脱贫覆盖面。一是引导劳务输出脱贫，加大劳务输出培训投入，提高培训的针对性和有效性；深入推进扶贫劳务协作，建立和完善输出地与输入地劳务对接机制。二是加大对贫困地区农民工返乡创业政策支持力度。三是鼓励贫困地区发展生态友好型劳动密集型产业，通过岗位补贴、场租补贴、贷款支持等方式，扶持企业在乡村发展一批扶贫车间，吸纳贫困家庭劳动力就近就业。四是动员更多贫困群众参与小型基础设施、农村人居环境整治等项目，吸纳贫困家庭劳动力参与保洁、治安、护路、管水、扶残助残、养老护理等，增加工资性劳务收入。

二、易地搬迁脱贫

对居住在生存条件恶劣、生态环境脆弱、自然灾害频发等地区的农村贫困人口，实施易地搬迁扶贫工程，确保搬迁一户、稳定脱贫一户。易地搬迁脱贫主要有两类政策支持：住房安置支持和生计重建支持。

住房安置支持方面。要严守贫困户住房建设面积和自筹资金底线相关政策要求，确保贫困户不因搬迁负债。进一步提高集中安置比例，稳妥推进分散安置。在搬迁对象住房建设安置标准方面，《"十三五"时期易地扶贫搬迁工作方案》明确指出，按照"基本保障"的原则，中央补助的建档立卡贫困户人均住房建设面积不得超过25平方米。

生计重建支持方面。按照以岗定搬、以业定迁原则，加强后续产业发展和转移就业工作，确保贫困搬迁家庭至少有1个劳动力实现稳定就业。支持搬迁安置点发展物业经济，增加搬迁户财产性收入。加强安置区社区管理和服务，引导搬迁群众培养良好生活习惯，尽快融入新环境新社区。确保贫困群众搬得出、稳得住、可发展、逐步能致富。

三、生态保护扶贫

生态保护扶贫旨在结合生态经济发展趋势，推动农业、林业、牧业与生态产业紧密结合，构建经济发展与生态保护相互促进、良性循环格局。生态保护扶贫有三大抓手：一是生态工程扶贫，二是生态农业扶贫，三是生态旅游扶贫。生态工程扶贫方面。结合国家实施的退耕还林还草、天然林保护、湿地保护与恢复、水生态治理等重大工程，在项目和资金安排上进一步向贫困地区倾斜，提高贫困人口参与度和受益水平。2018年至2020年，在有劳动能力的贫困人口中新增选聘生态护林员、草管员岗位40万个。完善横向生态保护补偿机制，让保护生态的贫困县、贫困村、贫困户更多受益。生态农业扶贫方面。实现生态建设产业化、产业发展生态化，大力发展农业循环经济、有机食品、农产品加工业，治理农业污染，加强源头预防和污染治理，提升农产品质量安全水平，增强产业发展后劲，支持绿色发展，实现稳定可持续脱贫致富。生态旅游扶贫方面。依托贫困地区特有的自然人文资源，深入实施生态旅游扶贫工程。生态旅游是生态资源保护和旅游业融合发展的产物。按照生态旅游扶贫的参与主体，生态旅游扶贫可以选择的具体模式有政府主导模式、市场运作模式、社区参与模式和其他模式。

四、教育扶贫

扶贫先扶志，扶贫必扶智。要阻断贫困代际传递的链条，提高贫困地区和贫困人口自我发展能力，教育扶贫不可或缺。一是夯实教育扶贫根基。健全学前教育资助制度，帮助农村贫困家庭幼儿接受学前教育。进一步降低贫困地区特别是深度贫困地区、民族地区义务教育辍学率，稳步提升贫困地区义务教育质量，强化义务教育控辍保学联保联控责任。二是拓宽教育扶贫渠道。积极发展普通高中教育，继续实施高校招生倾斜政策，完善就学就业服务资助体系。加快发展中等职业教育，让未升入普通高中的初中毕业生都能接受中等职业教育。广泛开展公益性职业技能培训。办好特殊教育，保障困难群体受教育权利。提升基本公共教育服务能力，降低贫困家庭就学负担。三是完善教育扶贫内容。加强素质教育和技能教育。开展扶志教育活动，创办脱贫攻坚"农民夜校""讲习所"等，加强思想、文化、道德、法律、感恩教育，弘扬自尊、自爱、自强精神，防止政策养懒汉、助长不劳而获和"等、靠、要"等不良习气。坚持自治、法治、德治相结合，教育引导贫困群众弘扬传统美德、树立文明新风。四是集聚教育扶贫力量。加大乡村教师队伍支持力度，建立省级统筹乡村教师补充机制，推动城乡教师合理流动和对口支援。在贫困地区优先实施教育信息化2.0行动计划，加强学校网络教学环境建设，共享优质教育资源。加大贫困地区教师特岗计划实施力度，深入推进义务教育阶段教师校长交流轮岗和对口帮扶工作，国培计划、公费师范生培养、中小学教师信息技术应用能力提升工程等重点支持贫困地区。

五、社会保障扶贫

社会保障扶贫是保障困难群体基本生活的安全网，主要包括：健康扶贫，农村危房改造，综合保障性扶贫。

健康扶贫方面。将贫困人口全部纳入城乡居民基本医疗保险、大病保险和医疗救助保障范围。对城乡居民基本医疗保险和大病保险支付后自负费用仍有困难的患者，加大医疗救助和其他保障政策的帮扶力度。确保每个贫困县建好1—2所县级公立医院（含中医院），加强贫困地区乡镇卫生院和村卫生室能力建设。加强对贫困地区慢性病、常见病的防治，开展专项行动，降低因病致贫返贫风险。开展地方病和重大传染病攻坚行动，实施预防、筛查、治疗、康复、管理的全过程综合防治。

农村危房改造方面。允许各省（自治区、直辖市）根据国务院主管部门制定的原则，结合各自实际推广简便易行的危房鉴定程序，建立危房台账并实施精准管理，确保完成建档立卡贫困户等四类重点对象危房改造任务。明确农村危房改造基本安全要求，保障正常使用安全和基本使用功能。鼓励通过闲置农房置换或长期租赁等方式，兜底解决特殊贫困群体基本住房安全问题。落实各级补助资金，完善分类分级补助标准。加强补助资金使用管理和监督检查。

综合保障性扶贫。统筹各类保障措施，建立以社会保险、社会救助、社会福利制度为主体，以社会帮扶、社工助力为辅助的综合保障体系，为完全丧失劳动能力和部分丧失劳动能力且无法依靠产业就业帮扶脱贫的贫困人口提供兜底保障。完善城乡居民基本养老保险制度，对符合条件的贫困人口由地方政府代缴城乡居民养老保险费。完善农村低保制度，健全低保对象认定方法，将完全丧失劳动能力和部分丧失劳动能力且无法依靠产业就业帮扶脱贫的贫困人口纳入低保范围。加大临时救助力度，及时将符合条件的返贫人口纳入救助范围。

第二节　攻克深度贫困的政策体系

2017年6月23日，习近平总书记主持召开深度贫困地区脱贫攻坚座谈会并发表重要讲话。他指出，脱贫攻坚的主要难点是深度贫困。在空间区域上，主要是自然条件差、经济基础弱、贫困程度深的西藏、四省藏区、南疆四地州、四川凉山、云南怒江、甘肃临夏等地区和贫困发生率较高的贫困县、贫困村。在群体分布上，主要是残疾人、孤寡老人、长期患病者等"无业可扶、无力脱贫"的贫困人口以及部分教育文化水平低、缺乏技能的贫困群众。要以解决突出制约问题为重点，以重大扶贫工程和到村到户帮扶措施为抓手，以补短板为突破口，强化支撑保障体系，加大政策倾斜力度，确保深度贫困地区和贫困群众同全国人民一道进入全面小康社会。

一、深度贫困地区脱贫

推进深度贫困地区脱贫攻坚（如"三区三州"），需要找准导致深度贫困的主要原因；在此基础上，采取有针对性的脱贫攻坚举措。概括起来，深度贫困地区、贫困县、贫困村致贫原因和贫困现象有许多共同点：一是集革命老区、民族地区、边疆地区于一体。自然地理、经济社会、民族宗教、国防安全等问题交织在一起，加大了脱贫攻坚的复杂性和难度。二是基层设施和社会事业发展滞后。生存条件恶劣，自然灾害多发，地理位置偏远，地广人稀，资源贫乏，要实现基础设施和基本公共服务主要领域指标接近全国平均水平难度大。三是社会发育滞后，社会文明程度低。由于历史等方面的原因，许多深度贫困地区长期封闭，同外界脱节。不少群众安于现状，脱贫内生动力严重不足。四是生态环境脆弱，自然灾害频发。"十年一大灾、五年一中灾、年年有小灾"，实现脱贫和巩固脱贫成果都存在很大不确定性。五是经济发展滞后，人穷村也穷。例如，深度贫困县的村年均集体收入只有8800多元，同所有贫困县年平均5万元村集体收入相比，差距较大。此外，因病致贫、因病返贫问题在深度贫困地区也表现得特别突出。

推进深度贫困地区脱贫攻坚，要重点做好三个方面的工作：一是着力改善深度贫困地区发展条件。加快实施具备条件的建制村通硬化路工程。加快实施农村饮水安全巩固提升工程。加快小型水利工程建设，推进在建重大水利工程建设进度。推进农村电网建设攻坚，实现农网动力电全覆盖。加强"三区三州"电网建设，加快解决网架结构薄弱、供电质量偏低等问题。加大互联网基础设施建设投资力度，加快实现贫困村网络全覆盖。推进农村土地综合整治和高标准农田建设。推进西藏、四省藏区、新疆南疆退耕还林还草、退牧还草工程。加快岩溶地区石漠化综合治理、西藏生态安全屏障、青海三江源生态保护、祁连山生态保护和综合治理等重点工程建设。实施贫困村提升工程。二是着力解决深度贫困地区特殊问题和困难。全面实施"三区三州"健康扶贫攻坚行动，重点做好包虫病、艾滋病、大骨节病、结核病等疾病综合防治。加强禁毒脱贫工作，分级分类落实禁毒脱贫举措。采取特殊措施和手段推动人口较少民族贫困人口精准脱贫。全面落实边民补助、住房保障等守边固边政策，改善抵边一线乡村交通、饮水等条件，启动实施抵边村寨电网升级改造攻坚计划，加快推进边境村镇宽带网络建设。稳妥推进新疆南疆土地清理再分配改革，建立土地经营与贫困户直接挂钩的利益分配机制。三是着力加大深度贫困地区政策倾斜力度。中央财政进一步增加对深度贫困地区的转移支付，加大包括重点生态功能区农村危房改造、县级基本财力保障机制奖补资金等的倾斜力度，增加安排一般债券限额。规范扶贫领域融资，依法发行地方政府债券，加大深度贫困地区扶贫投入。新增金融资金优先满足深度贫困地区，新增金融服务优先布局深度贫困地区，对精准扶贫贷款实行差异化贷款利率。保障深度贫困地区产业发展、基础设施建设、易地扶贫搬迁、民生发展等用地，城乡建设用地增减挂钩可不受指标规模限制，建立城乡建设用地增减挂钩节余指标跨省域调剂使用机制。在援藏援疆援青工作中，进一步加大对"三区三州"等深度贫困地区干部选派倾斜支持力度。

二、特困群体脱贫

儿童、妇女、老人和残疾人是社会发展中相对脆弱的群体，确保他们摆脱贫困，与全国人民一道步入全面小康社会对于促进社会和谐稳定、彰显社会公平正义意义重大。

儿童发展关乎国家未来和民族希望。改革开放以来特别是进入21世纪以来，我国儿童健康、教育水平显著提高，儿童生存、发展和受保护的权利得到有力保障，但在贫困地区仍有大量儿童在健康、教育等方面发展水平明显低于全国平均水平。基于此，国家出台相关文件，就贫困地区儿童，尤其是留守儿童关爱保护工作进行了部署。一是建设农村留守儿童关爱服务体系，包括强化和落实农村留守儿童关爱服务责任、加大教育部门和学校关爱保护力度、更好发挥利用群众组织和社会力量在儿童关爱服务中的优势。二是建立健全农村留守儿童救助机制，包括建立强制报告机制、完善应急处置机制、健全评估帮扶机制、有针对性地提供监护指导、医疗救治、心理疏导、行为矫治、法律服务、法律援助等专业服务。

我国农村贫困人口中，近半数为女性。与男性相比，贫困妇女在文化水平、发展技能等方面都相对较差，其贫困程度更深、脱贫难度更大。党的十八大以来，国家采取多方面措施，加大了对贫困妇女的帮扶力度。一是激发贫困妇女脱贫动力，引导妇女形成自尊、自信、自立、自强精神。二是提高贫困妇女脱贫能力，开展针对性的种养殖、乡村旅游、家政服务、手工编织、农村电商等妇女培训项目。三是推动贫困妇女创业脱贫，量身定制妇女小额担保贷款贴息政策等。四是引导贫困地区妇女结合当地实际、文化特色和民族特质，发展刺绣、编织等手工业。五是依托巾帼现代农业科技示范基地、手工编织基地、三八绿色工程基地的女负责人、女能人、女带头人，积极发展种植养殖、农产品加工、手工编织、农村电商、乡村旅游等特色扶贫产业，以产业带动贫困妇女脱贫。六是实施妇女健康扶贫，重点做好"两癌"筛查和"两癌"患病贫困妇女救助工作。七是动员社会力量参与妇女脱贫工作,大力实施"母亲水窖""母亲健康快车""春蕾计划""安康计划"等妇女扶贫优势品牌。

随着社会的老龄化,农村老年人,尤其是贫困老人如何实现"老有所养,老有所乐,老有所为"成为脱贫攻坚的一项重要内容。主要内容包括:对农村留守老人进行全面摸底排查,建立详细完备、动态更新的信息管理系统;通过政府购买服务、政府购买基层公共管理和社会服务岗位,引入社会工作专业人才和志愿者等方式,为农村留守老人提供服务;研究制定农村留守老人关爱服务政策措施,推进农村社区日间照料中心建设,提升农村特困人员供养服务机构托底保障能力和服务水平;支持各地农村幸福院等社区养老服务设施建设和运营,开展贫困留守老人关爱行动;加强对农村贫困留守老人的生产扶持、生活救助和心理疏导。

关爱残疾人,解决好因残致贫问题,是治理深度贫困问题、打赢脱贫攻坚战的一项重要工作。主要措施包括:将符合条件的建档立卡贫困残疾人纳入农村低保和城乡医疗救助范围。完善困难残疾人生活补贴和重度残疾人护理补贴制度。深入实施"福康工程"等残疾人精准康复服务项目,优先为贫困家庭有康复需求的残疾人提供基本康复服务和辅助器具适配服务。对16周岁以上有长期照料护理需求的贫困重度残疾人,符合特困人员救助供养条件的纳入特困人员救助供养;不符合救助供养条件的,鼓励地方通过政府补贴、购买服务等多种方式,为其提供集中照料或日间照料、邻里照护服务。逐步推进农村贫困重度残疾人家庭无障碍改造,加快发展非义务教育阶段特殊教育,资产收益扶贫项目优先安排贫困残疾人家庭。

第三节 基础设施支持政策

基础设施滞后是制约脱贫解困的重要短板。加快补齐贫困地区基础设施短板，对于全面夺取脱贫攻坚战的胜利至关重要。交通扶贫、水利扶贫、电力和网络扶贫以及人居环境整治是脱贫攻坚基础设施建设的四大主攻方向。

一、交通扶贫政策

"要致富，先修路。"农村道路交通条件改善是贫困地区发展的基础，是实现精准扶贫、精准脱贫的先手棋。主要措施包括：在贫困地区加快建成外通内联、通村畅乡、客车到村、安全便捷的交通运输网络。尽快实现具备条件的乡镇、建制村通硬化路。以示范县为载体，推进贫困地区"四好农村路"建设。扩大农村客运覆盖范围，到2020年实现具备条件的建制村通客车目标。加快贫困地区农村公路安全生命防护工程建设，基本完成乡道及以上行政等级公路安全隐患治理。推进窄路基路面农村公路合理加宽改造和危桥改造。改造建设一批贫困乡村旅游路、产业路、资源路。推进国家铁路网、国家高速公路网连接贫困地区项目建设，加快贫困地区普通省道改造和支线机场、通用机场、内河航道建设。

二、水利扶贫政策

生产生活用水基础设施薄弱，既是贫困的重要体现，也是制约贫困人口脱贫致富的重要因素。水利扶贫应主要围绕生活性饮水工程和生产性水利设施展开。饮水工程方面，重点是加快实施贫困地区农村饮水安全巩固提升工程，落实工程建设和管护责任，强化水源和水质保护，显著提高农村集体供水率、自来水普及率、供水保证率和水质达标率，到2020年全面解决贫困人口饮水安全问题。生产性水利设施方面，重点是加快贫困地区大中型灌区续建配套与节水改造、小型农田水利工程建设，实现灌溉水源、灌排骨干工程与田间工程协调配套。切实加强贫困地区防洪工程建设和运行管理。

三、电力和网络扶贫政策

能源是现代社会生产生活不可或缺的基础条件，也是贫困地区发展的重要基础。这方面的扶贫措施主要包括：大力扶持贫困地区农村水电开发；加快推进贫困地区农村电网升级改造，全面提升农网供电能力和供电质量；建立贫困地区电力普遍服务监测评价体系，引导电网企业做好贫困地区农村电力建设管理和供电服务，到 2020 年实现大电网延伸覆盖至全部县城。

我国互联网技术日新月异，其应用已经延伸到社会生活的方方面面。互联网鸿沟成为制约贫困地区脱贫攻坚值得关注的因素，网络扶贫相应成为一个崭新的领域。国家采取的主要措施包括：深入实施网络扶贫行动，统筹推进网络覆盖、农村电商、网络扶智、信息服务、网络公益五大工程向纵深发展，创新"互联网+"扶贫模式。完善电信普遍服务补偿机制，实现 90% 以上贫困村宽带网络覆盖。鼓励企业开发有助精准脱贫的移动应用软件和智能终端。

四、农村人居环境整治政策

改善人居环境，建设宜居型"美丽乡村"是改善农村贫困人口生活质量、提高农村生活吸引力和向心力的重要举措，也是培养健康生活方式，促进乡风文明的重要途径。主要措施包括：开展贫困地区农村人居环境整治行动，重点推进农村生活垃圾治理、卫生厕所改造。因地制宜普及不同类型的卫生厕所，同步开展厕所粪污处理。开展贫困地区农村生活垃圾专项治理行动，有条件的地方探索建立村庄保洁制度。

第四节 社会帮扶措施

贫困是经济、社会、文化和生态等多方面问题的综合反映，贫困治理是一个复杂的系统工程，需要动员全社会的力量共同参与。脱贫攻坚的社会力量和社会参与机制主要包括东西部扶贫协作、定点扶贫、军队帮扶、企业和社会组织扶贫以及扶贫志愿行动。

一、东西部扶贫协作

东西部扶贫协作是发挥我国政治优势与制度优势，推动"先富帮后富"，最终达到共同发展的重要举措。主要措施包括：把产业合作、劳务协作、人才支持、资金支持等作为协作重点。突出产业帮扶，鼓励合作建设承接产业转移的基地，引导企业精准结对帮扶。突出劳务协作，有组织地开展人岗对接，提高协作规模和质量。突出人才支援，加大力度推进干部双向挂职、人才双向交流，提高干部人才支持和培训培养精准性。突出资金支持，切实加强资金监管，确保东西部扶贫协作资金精准使用。推进携手奔小康行动贫困县全覆盖，并向贫困村延伸。优化结对协作关系，实化细化县之间、乡镇之间、行政村之间结对帮扶措施。

二、定点扶贫

定点扶贫工作是中国特色扶贫开发的重要组成部分，也是定点扶贫单位贴近基层、了解民情、培养干部、转变作风、密切党群干群关系的重要途径。主要措施包括：加强对定点扶贫县脱贫攻坚工作指导，督促落实脱贫攻坚主体责任。把定点扶贫县脱贫工作纳入本单位工作重点，加强工作力量，出台具体帮扶措施。把定点扶贫县作为转变作风、调查研究的基地，通过解剖麻雀，总结定点扶贫县脱贫经验，完善本部门扶贫政策，推动脱贫攻坚工作。选派优秀中青年干部、后备干部到贫困地区挂职，强化定点扶贫牵头部门责任。

三、军队帮扶

"军民一家亲"。军队帮扶既是打赢脱贫攻坚战的需要，也是加强军队作风建设、密切军民关系的重要途径。主要措施包括：加强军地脱贫攻坚工作协调，驻地部队积极承担帮扶任务，参与扶贫行动，广泛开展扶贫济困活动。继续做好"八一爱民学校"援建工作，组织开展多种形式的结对助学活动。组织军队系统医院对口帮扶贫困县县级医院，深入贫困村送医送药、巡诊治病。帮助革命老区加强红色资源开发，培育壮大红色旅游产业，带动贫困人口脱贫。帮助培育退役军人和民兵预备役人员成为脱贫致富带头人。

四、企业

对扶贫开发工作来说，企业和社会组织既掌握有资金等方面大量资源，又具有市场、信息（企业）和专业性、灵活性（社会组织）等方面能力特长，充分发挥企业和社会组织的作用，对提高脱贫质量、打赢脱贫攻坚战具有重大意义。这方面的主要措施包括：落实国有企业精准扶贫责任，支持其通过发展产业、对接市场、安置就业等多种方式帮助贫困户脱贫。引导民营企业参与脱贫攻坚，深入推进"万企帮万村"精准扶贫行动。鼓励有条件的大型民营企业通过设立扶贫产业投资基金等方式参与脱贫攻坚。更好发挥市场机制、社会机制的作用，提高精准扶贫精准脱贫实效。

五、社会组织扶贫

支持社会组织参与脱贫攻坚，加快建立社会组织帮扶项目与贫困地区需求信息对接机制，确保贫困人口发展需求与社会帮扶有效对接。鼓励引导社会各界使用贫困地区产品和服务，推动贫困地区和贫困户融入大市场。实施全国性社会组织参与"三区三州"深度贫困地区脱贫攻坚行动。实施社会工作"专业人才服务三区计划""服务机构牵手计划""教育对口扶贫计划"，为贫困人口提供生计发展、能力提升、心理支持等专业服务。加强对社会组织扶贫的引导和管理，优化环境、整合力量、创新方式，提高扶贫效能。落实社会扶贫资金所得税税前扣除政策。

六、扶贫志愿行动

志愿服务是我国社会现代化进程中一支越来越大的公益力量，是脱贫攻坚可以大力挖掘的资源。动员组织各类志愿服务团队、社会各界爱心人士开展扶贫志愿服务的主要措施包括：推进扶贫志愿服务制度化，建立扶贫志愿服务人员库，鼓励国家机关、企事业单位、人民团体、社会组织等组建常态化、专业化服务团队。实施社会工作专业人才服务贫困地区系列行动计划，支持引导专业社会工作和志愿服务力量积极参与精准扶贫。制定落实扶贫志愿服务支持政策。

七、中国社会扶贫网

中共中央、国务院《关于打赢脱贫攻坚战的决定》对加大"互联网"+扶贫力度作出部署，明确要求构建社会扶贫信息服务网络。国务院扶贫办贯彻落实党中央决策部署，抓好互联网+社会扶贫工作的顶层设计，积极推进中国社会扶贫网建设应用，构建五个功能平台。即：爱心帮扶平台，实现贫困户需求和社会帮扶资源的精准有效对接；扶贫众筹平台，开展公益众筹项目解决贫困群众的特殊困难；电商扶贫平台，推动贫困地区、贫困户特色优势产品与市场对接；扶贫展示平台，展示社会扶贫成果、优秀案例和榜样人物；扶贫评价平台，运用平台扶贫积分实现社会力量扶贫的网络评价。中国社会扶贫网对于搭建社会爱心资源和贫困地区、贫困人口帮扶需求有效对接的平台，进一步广泛动员社会力量参与脱贫攻坚具有重要意义。下一步，要全力推动社会扶贫网建设应用，着力提升平台覆盖面、用户活跃度、帮扶精准度和社会影响力，打造规范、有序、务实、高效的互联网社会扶贫平台。

思考题

1. 简述深度贫困地区的致贫原因与扶贫措施。
2. 试论贫困地区基础设施建设的主攻方向及其主要措施。
3. 简述社会参与扶贫的主要机制。

扩展阅读

1. 习近平：《在深度贫困地区脱贫攻坚座谈会上的讲话》，人民出版社2017年版。
2. 陆汉文、黄承伟主编：《中国精准扶贫发展报告2016：精准扶贫战略与政策体系》，社会科学文献出版社2016年版。

第六讲 产业扶贫

【导　读】产业扶贫是扶贫脱贫的重要路径和方式,在《关于打赢脱贫攻坚战的决定》中,产业扶贫脱贫被列入"五个一批"中的首项,要求"制定贫困地区特色产业发展规划"。2018年6月15日,《关于打赢脱贫攻坚战三年行动的指导意见》发布,提出"加大产业扶贫力度""强化到村到户到人精准帮扶举措"。产业扶贫无论是在顶层设计上还是在具体的脱贫攻坚实践中,都具有非常重要的地位。本讲主要介绍产业扶贫的概念及其内涵、产业选择的思路和方法、扶贫产业发展效果评估的指标体系、效果评估的步骤和方法。最后,本章结合脱贫攻坚与乡村振兴战略,探讨产业扶贫未来发展的方向。

第一节 产业扶贫的概念和内涵

了解产业扶贫概念和内涵,是产业扶贫的前提和基础。只有正确把握产业扶贫的概念,才能使产业扶贫作用和效果得以发挥和体现。

一、产业扶贫的概念

产业扶贫是以市场为导向,以贫困地区特色资源禀赋为基础,以产业规划、产业选择、产业发展为核心,以经济效益为中心,以产业扶持政策为支撑,以贫困人口脱贫增收、贫困地区区域经济增强为目的的一种扶贫方式。其内涵包括以下几个重点:

第一,产业扶贫以市场为导向,以打通贫困地区、贫困人口与市场的联系为重要手段。产业扶贫强调产业运作的内在机制，围绕某种资源、产品或服务，整合技术、生产、管理、市场等各个环节的优势，建立一套完整的经营方式、组织形式及生产链条，实现技术环节—生产环节—营销环节的一体化运作，在贫困地区延伸产业的功能作用，对接贫困地区农民与生产、技术和市场的联系。

第二，产业扶贫是一定区域内的产业规划和产业发展方式，区域内的产业选择对于产业扶贫至关重要。习近平总书记强调，一个地方的发展，关键在于找准路子、突出特色。欠发达地区抓发展，更要立足资源禀赋和产业基础，做好特色文章，实现差异竞争、错位发展。特色产业是贫困地区脱贫的依托，更是长期稳定脱贫的保证，发展特色产业是提高贫困地区自我发展能力的重要举措。

第三，产业扶贫的目的在于实现贫困人口脱贫增收、贫困地区区域经济发展能力增强。产业扶贫是结合开发式扶贫的政策，通过开发当地的内生性资源，实现农民自我发展和脱贫致富。目前，产业扶贫发展的主要内容是：在县域范围，培育主导产业，发展县域经济，增加资本积累能力；在村镇范围，增加公共投资，改善基础设施，培育产业环境；在贫困户层面，提供就业岗位，提升人力资本，积极参与产业价值链的各个环节，使贫困群体逐渐摆脱贫困。

第四，产业扶贫不只是一个静态的扶贫概念，更是一个动态持续的过程。按照产业扶贫的政策设计，从项目设计规划、整合协调、管理实施到最后监督验收，除了发挥地方政府的主导作用以外，龙头企业、农村经济合作组织、贫困农户等也是重要参与主体，这是举全社会之力动态持续的工程。

二、扶贫产业发展的特点

在扶贫脱贫的过程中，产业扶贫成为贫困地区从"一次性扶贫"迈向"可持续性扶贫"的首要选择。扶贫产业的稳定和可持续发展需要保持各地区扶贫产业的差异性，体现不同特色，突出各自优势；要运用市场规律选择合适的扶贫产业，保持产业的市场适应性和竞争性；要探索扶贫产业的健康运行机制，促进扶贫产业良好可持续发展，带动贫困群众持续稳定增收。

（一）扶贫产业的特色化与差异性

所谓扶贫产业的特色化就是指要因地制宜、深入挖掘本地特色的自然资源和文化资源等，探索契合本地实际的产业发展模式，充分利用贫困地区优势资源，实现跨越式发展。科学确定特色产业，就是要科学分析贫困县资源禀赋、产业现状、市场空间、环境容量、新型主体带动能力和产业覆盖面，选准适合自身发展的特色产业。扶贫产业的差异性是指基于不同自然条件、社会条件和经济条件基础上，由于产品差异、发展方式和市场选择等因素形成的具有不完全可替代性的产业类型。差异化扶贫产业的不完全替代性保证了贫困地区产业的独特优势，具有较强的市场竞争力。

（二）扶贫产业发展的市场适应性和竞争性

在市场经济条件下，各级政府在选择扶贫产业时，要坚持以市场需求为导向，充分运用信息条件，搞好市场调查、前景预测，遵循市场规律，根据供求关系、价值规律和产业竞争理论搞发展，不能以行政手段代替市场规则盲目发展。只有围绕市场抓产业才能降低风险，真正实现产业扶贫的目标。在与市场相适应的同时，还要提升产业发展的市场竞争力，为贫困地区产业发展创造市场竞争优势。只有拥有竞争力的产业才能稳定发展，从向产量、规模要效益转变成向质量、品牌要效益，为贫困群众的增收提供持久的动力。

（三）扶贫产业发展组织运行机制的有效性

产业经济本质上是一种市场化的经济活动，但是产业扶贫更是一项民生工程，如果仅依靠市场机制进行调节，无法完成扶贫脱贫这一终极目标。良好的扶贫产业发展组织运行机制离不开政府的积极作为。第一个环节是政府的有效管理。具体表现是优化扶贫产业发展环境，依照"标准化生产、品牌化经营、基地化管理、产业化发展"的思路做好科学的产业规划。同时，政府要实施扶贫产业的督查考核机制，动态跟踪贫困户参与产业脱贫的信息，对产业扶贫进行精准化管理。第二个环节是政府的公共服务有效性。即改善扶贫产业发展相关的配套条件，如水电交通等公共基础设施建设、人力资源开发与培训以及提供法律咨询等其他形式的政府支持，充分发挥政府的服务职能。第三个环节是政府扶贫产业资金的支持。财政部门要逐步加大扶贫产业专项资金投入力度，向贫困地区和贫困人口倾斜；扶贫产业综合开发和农村综合改革转移支付涉农资金要向精准脱贫项目倾斜。同时要改善扶贫产业项目投资、融资环境，整合各类帮扶产业资金，切实解决扶贫产业项目融资难的问题。

（四）扶贫产业发展的益贫性

产业扶贫助推精准脱贫，要充分发挥其益贫性。益贫性是指产业扶贫对穷人的有利程度。贫困地区产业扶贫的推进使贫困人口获利大于其他人群。但产业扶贫项目中存在普遍的"精英捕获"现象，也就是我们常说的"扶富不扶贫"现象，即大量的项目和资金被非贫困人口经营获得，贫困人口并未从中获利，甚至受到一定程度的利益剥夺反而加深了其贫困程度。可以说，产业扶贫在减贫方面的成败关键在于其益贫性，产业扶贫项目要始终将核心放在脱贫上，应该以脱贫成绩作为产业扶贫最主要的衡量指标，因此在确定产业扶贫项目时，要看产业扶贫项目能不能切实有利于贫困人口和贫困村，要看利益分配机制是不是有利于减贫，要看给贫困人口带来多少好处。只有发挥产业扶贫项目的益贫性，通过股份制、股份合作制、土地托管、订单帮扶等多种形式，建立贫困户与产业发展主体间利益联结机制，让贫困人口分享产业发展收益，才能完成产业扶贫项目应有的作用。

第二节 产业扶贫中产业选择的思路与方法

一、扶贫产业选择的思路

产业扶贫的重要环节是如何选择和确定扶贫的产业，尤其是贫困地区的产业选择与发达地区有着很大的差异和不同，我们对此应该引起重视。因此，选择扶贫产业的思路要有相对差别，归纳起来，主要有三种具体思路：

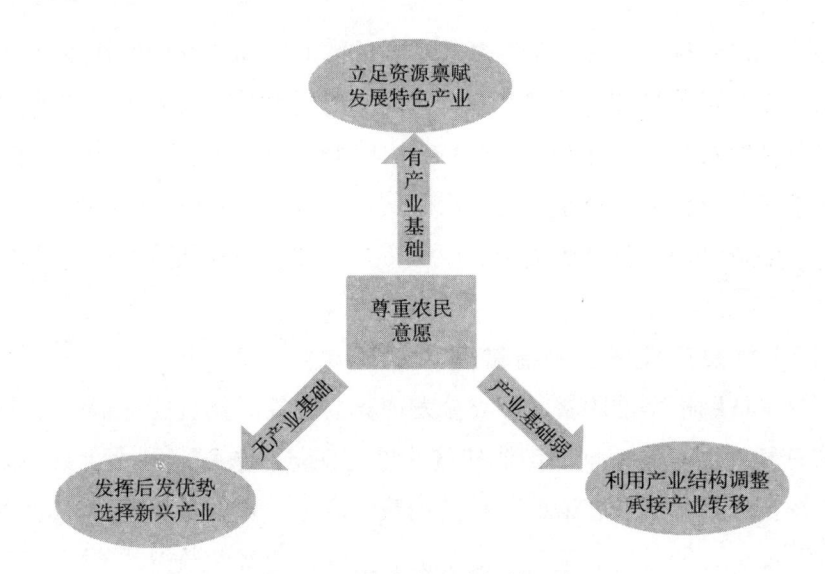

图 6-1　扶贫产业选择的思路

（一）立足资源禀赋，发展特色产业

这种思路是立足本地优势资源，强化一个基础特色支柱产业，利用支柱产业涉及面广、辐射力强的特点，带动多个关联产业共同发展。特色产业往往具有一定的基础，能够为群众所接受，在各种政策和资金的支持下也能迅速做大做强。

多数贫困地区是没有经过现代工业开发的原生态地区，生态环境及人文生活习惯保存相对完整。扶贫开发战略的实施，使这些生态优势明显的地区成为旅游资源开发的重点地区，生态旅游扶贫产业的兴起和蓬勃发展为贫困地区带来了新的希望。

贵州岑巩县客楼镇位于岑巩县西北部，生态环境优美，保存着浓郁的民族风情。近年来，该镇坚持把旅游作为主导产业和富民产业，以"农业+旅游"模式，连片发展水蜜桃种植产业，推进文化特征、自然特点、产业特色相融相盛，不仅优化了生态环境，更带来了经济效益，让青山绿水成为金山银山，生态旅游扶贫成效进一步凸显。

（二）利用产业结构调整，承接产业转移

针对我国精准扶贫的新形势，如果贫困地区没有较为明显的优势产业，承接东部产业梯度转移是贫困地区选择扶贫产业的可行思路之一。由于东部沿海地区人力和经营成本不断上升，劳动密集型产业向我国中西部地区转移还有很大的空间。中西部贫困地区发挥资源丰富、要素成本低、市场潜力大的优势，积极承接产业转移，不仅有利于加速中西部贫困地区新型工业化和城镇化进程，促进区域协调发展，而且有利于推动东部沿海地区经济转型升级，在全国范围内优化产业分工格局。

河南省的"巧媳妇工程"抓住服装产业向中西部转移、向工人来源地转移的时机，根据省内劳动力资源优势和服装行业快速发展的新形势，结合留守妇女现状，在全省各乡镇建设数百家千人规模的服装加工厂，让"三无""四最"人员实现家门口就业。以周口市商水县最为突出，大约20万留守妇女中，已有约10万人实现了家门口就业，年创产值约30亿元。而全县107个贫困村中，70多个行政村都开展了"巧媳妇工程"，其中26个行政村的2.76万人已经脱贫摘帽。

（三）发挥后发优势，选择新兴产业

如果贫困地区具有一定的特殊资源，具有发展某种新兴产业、高新技术产业的比较优势，可以考虑借助科技进步发展新兴产业，发挥后发优势，实现弯道超车。为贫困地区引进高新技术产业、先进制造产业、生态友好型产业能拓宽贫困地区发展空间，夯实和稳固贫困群众收入增长机制。"科技带动—产业发展—企业壮大—百姓受益"的新兴产业扶贫模式，成为贫困地区选择扶贫产业的一种新型思路。

内陆省份贵州欠发达，虽然山清水秀、资源丰富，但传统产业的结构性矛盾仍然突出，远远满足不了时代要求以及全面小康的发展目标。2013年被业界广泛认为是具有跨时代意义的"大数据元年"，也是贵州大数据产业的谋划之年。在深入分析了自身优势资源后，贵州发现自己跟大数据产业有着天然的"缘分"。冬无严寒夏无酷暑的宜人气候使数据中心可以直接换风降温，比其他同等条件下的数据中心节电10%~30%；煤炭、水力等能源丰富，电价较低，可直接降低企业生产成本；地质结构稳定，远离地震带，是数据容灾备份中心的安全选择。2014年以来，贵州全面着手布局大数据产业，目标明确，要一步一步建成"中国数谷"。在大数据产业的背景下,"贵州智造"渐成气候,对国民经济的贡献率保持在 32% 以上,成为经济发展的主动力、财税增收的主渠道、带动就业改善民生的重要途径。

二、扶贫产业选择的实施步骤

在选择扶贫产业的过程中,要统筹考虑贫困地区的资源禀赋、社会状况、经济环境、思想观念等,充分发掘比较优势,因地制宜地选准适合自身发展的产业;要明确贫困地区的产业扶贫思路和方法,助力扶贫产业做大做强;要注重一二三产业的融合发展,避免扶贫产业选择过程中出现的矛盾和问题,切实拓宽贫困户增收渠道。扶贫产业的选择具体可以参考以下步骤:

第一步,深入调研、摸清家底。

对贫困地区的具体情况深入把握,重点就地区资源禀赋、现存产业基础、劳动力状况、各类支持政策以及群众意愿等方面进行前期调研,是选择扶贫产业的基础。

第二步,明确发展思路。

依据前期调研情况,立足本地实际,明确扶贫产业的具体发展方向;或立足本地资源,发展特色产业;或考虑承接发达地区产业转移;或选择发展高新技术,带动区域经济的发展。

第三步,选择具体产业。

明确发展方向以后,一般通过区位商法、产业关联度法、市场需求法、产业科技度判断法等方式明确几种具体产业作为贫困地区的主导产业。

第四步,试点实施。

确定具体的主导产业之后,选择资源基础、劳动力条件、产业发展情况等能够代表该地区一般水平的区域进行试点,试点对贫困人口要有一定程度的覆盖。试点期间,重点考察产业的市场前景、带动增收、环境友好程度、产业发展改进空间等。

第五步,确定扶贫产业,全面布局实施。

通过试点,观察产业能否达到脱贫攻坚的目的。如果效果较好,可以考虑全面布局实施推进。地方政府应成立专门机构制定产业发展规划，进行有关配套基础设施的改进完善，并且出台有关保障制度，在政策和资金上给予支持。此外，还要积极引导贫困人口购买有关产业保险，防范产业风险。

第三节　扶贫产业发展的效果评估

产业扶贫的实质就是为贫困地区、贫困人口找到一个适合发展的产业。对扶贫产业效果进行评估，客观了解产业扶贫工作全局，有利于将产业发展与脱贫攻坚有机结合，切实提高脱贫攻坚的精准度，做到产业选择精准、项目设计精准、支持投向精准、贫困人口收益精准。

一、产业扶贫评估指标体系

扶贫成效，即扶贫过程中一切成果与效益的统称，通常包括经济效益、社会效益、生态效益、制度效益和政策效益等。扶贫产业是否能帮助地方从以前的输血式扶贫向造血式扶贫转变，建立稳定的收入来源，实现精准脱贫的目标，是效果评估的重要判断标准，总结有关专家研究成果，我们列出以下产业扶贫评估指标体系作为参考。

表 6-1　产业扶贫评估指标体系

	具体指标	指标内容	指标性质	数据来源
产业扶贫项目的瞄准性	产业扶贫项目对象选择方式	是否有详细实施方案 选择流程是否公开公正 选择方式是否有效	定性	相关部门文件资料
	产业扶贫项目贫困村级瞄准	项目村覆盖贫困人口比例 项目村中贫困村比例 项目村发展能力	定量+定性	建档立卡数据、产业扶贫项目村名单
	产业扶贫项目贫困人口瞄准	项目中低保救济户比例 项目中贫困户比例	定量	建档立卡数据、产业扶贫项目户名单

续表

具体指标		指标内容	指标性质	数据来源
扶贫资金投入与使用	资金结构	各来源资金比例 资金实际与规划筹资额之比 各来源资金比例投入额	定量	部门工作数据
	资金投向与使用方式	财政扶贫资金到村比例 财政扶贫资金到户比例 资金的创新使用方式	定量+定性	工作数据 文件资料
	资金使用时效	各来源资金到位时效 各来源资金投放时效	定量	相关部门工作数据
产业扶贫项目管理	项目验收与报账	项目竣工验收情况 资金保障率 资金报账时效	定量+定性	工作数据 验收审计报告
	项目进展	年度项目建设进展 总周期项目建设进展	定量	部门工作数据
	项目帮扶情况	贫困村帮扶情况 贫困户帮扶建立情况	定量+定性	工作数据 文件资料
	扶贫对象满意度	项目满足自身需求评价 项目公开公平性评价 项目效果满意度评价	定量	调研数据
产业扶贫项目成效	减贫成效	贫困人口减少率及对比 项目贫困户收入增长率	定量	统计数据 调研数据
	专项成效	视具体项目类型而定	定量	工作数据 调研数据

二、产业扶贫评估方法与过程

（一）产业扶贫项目的瞄准性（精准性）评估

产业扶贫项目的"瞄准"既包含瞄准的结果，也包含瞄准的过程，主要从以下几个方面着手：第一，考察产业扶贫项目对象的选择方式是否合理。主要考察是否通过合理的选择方式筛选出具有项目发展能力的项目参与者。第二，考察项目在村级对象上的选择结果是否合理。其中，"项目村发展能力"这一指标可在实际操作中根据具体的项目类别来确定，如畜牧产业扶贫项目，村级项目发展能力，包括外出务工比例、现有劳动力年龄结构等人力资源条件，以及草场面积、生产生活用水用电等基础设施条件。第三，考察项目户中贫困户的瞄准和精准性程度。主要指瞄准结果的评估，即产业扶贫项目是否重点将贫困乡镇、贫困村和贫困户对象纳入项目中来，贫困户和贫困人口参与产业扶贫的程度是多少。要特别避免和减少很多产业扶贫项目，非贫困户和贫困村参与程度大大高于贫困户和贫困村的现象。瞄准性和精准程度高，是脱贫效果高的前提和基础。

（二）产业扶贫资金投入与使用的效率评估

扶贫资金投入与使用用于考察产业扶贫项目资金的整合、投向、使用方式等，主要反映相关政府部门在传递和使用资金时的效率，以及各个环节是否符合相关的管理规定。第一，资金结构。产业扶贫项目的资金一般有财政扶贫资金、行业部门资金、信贷资金、群众自筹资金等几种主要来源。主要评估资金结构是否合理、各来源资金是否按计划到位以及财政扶贫资金的杠杆作用，尤其是对金融资金的撬动作用如何。第二，资金投向与使用方式。通过计算财政扶贫资金用于扶贫对象的比例以及具体投向，考察其用途是否合理，是否高效精准瞄准扶贫对象。第三，资金投入时效。考察扶贫资金的到位时效和投放时效，能够反映出产业扶贫项目在开展过程中是否存在资金到位和使用效率低下、拖延滞留等问题。

（三）产业扶贫项目管理效果评估

在确保了产业扶贫对象瞄准和扶贫资金投入后，如何开展产业扶贫项目的管理工作至关重要，高效的管理能够进一步提升产业扶贫项目的整体绩效，是产业扶贫项目能否取得成功的必要条件。第一，项目验收与报账。考察项目是否按时开展竣工验收并及时准确报账。第二，项目进展。考察项目是否在有效的管理下按时按量完成建设内容。第三，项目帮扶情况。考察已建立帮扶的贫困村和贫困户的实际状况与采取的帮扶措施是否合适，是否响应精准扶贫的政策，实现"漫灌"向"滴灌"的转变。第四，扶贫对象满意度评价。除了通过客观的数据和资料以外，产业扶贫项目的受益者较为直接地反映对项目的满意程度也能够为项目开展和管理提供有效的参考意见。

（四）产业扶贫项目成效评估

产业扶贫项目的成效是扶贫整体绩效最为直观的反映，对其评估主要从减贫成效和专项成效两个方面进行。

对扶贫产业效果进行评估，有利于客观了解产业扶贫工作全局，有利于查漏补缺、改进工作，更有利于总结共性的经验教训。应当充分发挥成效评估以评促改、科学支撑的作用，有效利用产业扶贫的评估结果对产业扶贫政策的制定进行修正，并对产业扶贫实践过程中出现的问题进行处理，切实提高脱贫攻坚的精准度、实效性和可持续性，有效增收富民，打赢脱贫攻坚战。

第四节　产业扶贫风险如何防范和降低

产业扶贫开发具有组织模式的复杂性和某些制度设计不合理性以及外部条件的不确定性的特点，面临着资金来源有限、项目选择不适宜、自然环境不利等方面的风险影响。了解产业扶贫风险，并采取相应防范措施，在此基础上改善产业扶贫环境，提升贫困农户抵御风险的能力，提高农户收益，对助力脱贫攻坚具有重要的现实意义。

一、产业扶贫风险的来源

扶贫产业发展过程中可能面临农业发展外部环境的不确定性、产业扶贫组织模式的复杂性、具体制度设计的不完整性以及扶贫各方主体利益表达的不一致性，这些因素的叠加最终将表现为产业扶贫执行中的目标偏离。产业扶贫风险具体可划分为以下来源。

（一）自然风险

自然风险主要是指在产业扶贫开发过程中，与大自然息息相关的农业，会经常受到旱灾、水灾、风灾、雹灾、雪灾等各种不可预测的自然灾害影响，造成农产品产量的下降而使产业化经营各主体（主要是企业和农户）收益受到估量损失的风险。我国贫困人口集中生活在农村，以农业为主要生活来源，农产品收成的好坏极大程度受到天气、生态环境等自然因素的制约，特别是对欠发达地区农民来说，一场突如其来的灾害就会将其推向更加贫困的境地，灾害频发导致因灾致贫、因灾返贫人数高居不下。除了自然的影响作用，人类活动对自然环境造成的影响也会反过来对扶贫开发带来风险，由于产业的发展，可能破坏自然环境和过度消耗自然资源，导致环境恶化，种植业、养殖业和工业、旅游业等扶贫产业发展都有可能引发生态环境恶化的风险，甚至形成贫穷—开发—破坏—更贫穷的恶性循环。

（二）市场风险

受农副产品供求关系及信息不完全等因素的影响，存在农副产品价格变动导致产业扶贫各主体遭受经济损失的风险。农副产品的市场价格波动很大，特别是在实施大规模精准扶贫以前，各地一些农业产业项目趋同、选择的品种单一，随着过去几年种植的水果和特色农产品逐渐进入丰产期，集中上市以后可能会带来价格的更大波动。大量的趋同产业会导致恶性竞争的经济后果，加剧市场风险。由于贫困人口的底子薄，所以市场风险的承受能力也更弱。

（三）技术风险

现代农业生产对技术的依赖性越来越高，技术风险主要是指生产者采用的生产技术不符合现行市场的质量、等级标准，从而引起的产量和价格波动给产业扶贫各参与主体带来损失的风险。每一项农业技术都对自然环境和社会经济环境有较为严格的要求，如遇自然条件发生变化不能满足其技术要求，则技术优势不能显现，其收益可能与预期的相去甚远。同时，一项技术是否实现其效益，最终取决于市场需求状况而决定的产品价格和市场规模。当市场需求发生变化，先进的技术可能实现不了效益，给专业化农户带来损失。

（四）政策风险

政策风险主要指国家和基层政府农业领域相关政策的变动给农业生产带来的不确定性，例如农业支持政策、税收政策、土地承包政策等政策变动对产业化经营各利益主体带来损失的可能性。从宏观层面上讲，政策风险主要表现为国家扶贫政策的调整以及国家政策与地区实际的差异。符合农村实际的农业政策有利于调动农民的积极性，而不符合农村实际的农业政策则会打击农民的积极性，影响农业的发展。此外，稳定的、连续一致的农业政策对于稳定农业生产大有好处，而不稳定的农业政策则不利于农业的稳定发展。从微观层面上讲，政策风险表现为政府行为的影响，扶贫开发项目的执行需要层层审批，可能导致扶贫政策和资金难以及时到位或缩水。此外，政府职能的越位、错位和缺位，不能很好地与市场机制相协调，都会导致政府政策和功能的低效、失效或反效，加剧扶贫开发项目的风险。

（五）资金风险

资金风险主要指在产业扶贫开发过程中，由于资金整合不到位、配置不精准、调度不及时、使用不规范等，导致无法实现扶贫预期目标的风险。扶贫开发必然需要大量的资金投入，政府投入在其中占主体和主导作用，同时涉及社会投资和农户自筹。这些不同渠道的资金都存在投入不足或不及时的风险。在资金配置上，也可能存在"扶农"没"扶贫"、到村没到贫困村、到贫困村没到贫困户等大而化之的问题。在投入过程中，也存在由于审批程序复杂、平均主义、官僚主义、腐败等多种原因造成的资金使用不规范或延误等风险。

二、产业扶贫风险的防范与降低

产业扶贫作为新时期扶贫开发的重要形式，关键在于它为小农户进入大市场提供了平台，使农户能分享到农产品增值收益，同时又为农户规避市场风险提供了保障，企业和农户可谓形成利益共享、风险共担的经济利益共同体。建立和维系这种经济利益共同体，需要一系列的组织保障和制度安排。

（一）形成参与主体实现利益一致的合作理念

建立和健全产业扶贫项目的风险防范机制，其实质就是合理确立产业扶贫项目中各参与主体的利益关系。实现政府、企业和农户的利益一致，不仅需要硬性的制度和组织保证，更依赖三者对合作理念的认知。作为政府主导下的产业扶贫开发，政府应将农户的自生能力、企业自生能力和区域自生能力看作一个互补性的有机整体，坚持以贫困农民为核心、企业为手段的扶贫理念。企业要主动履行扶贫责任，建立利益共享、风险共担的经济利益共同体。

（二）加强风险防范的组织保障

建立健全产业扶贫的利益共同体，必须有组织确保利益协调和平衡，同时兼顾利益分配和纠纷化解。一方面要培育以农户为代表的专业合作组织，打破龙头企业既是"运动员"又是"裁判员"的局面，在尊重双方权益的条件下，进行合理的利益共享和风险共担。另一方面要畅通农户权益保护渠道，建立合同争议处理机构，为农户遇到纠纷时提供咨询和援助。

（三）建立扶贫风险共担机制

各级政府应当结合当地实际情况制定适宜的风险共担机制，主要包括完善利益联结机制和健全约束机制两个方面。在利益联结中，要逐步从松散型的利益联结机制向紧密型的利益联结机制过渡；约束机制则要进一步规范化，明确多方权、责、利，提高可操作性。

（四）探索风险防范政策新方式和新方法

在产业扶贫中，贫困户比企业和合作社更为脆弱，抵抗风险能力不足，应该建立以贫困户利益为中心的风险保障机制，主要通过扶持合作社、政府企业合作给予农户风险保障、购买农业产业扶贫保险这三个方面。首先是扶持合作社，贫困农户加入资金实力强、组织化程度较高的合作社有利于降低个人风险，因此政府有必要在未来加大对合作社的建设与投资，从政策与资金层面给予合作社更多的支持。其次是要求政府、企业合作给予农户一定限度的风险保障，即风险来临时，通过农业保险或者是政府、企业共同承担损失的方式为农户减忧。最后要积极探索农业保险和产业脱贫保险，为他们增加一层利益保障。由于保险具有防灾减损功能，通过保险化解灾害风险，可以为精准扶贫设置安全线，稳定农民收入、防控农民因灾致贫与返贫。在这方面，实践中已经有很多创新的探索。例如，重庆市为167万余贫困人口购买"精准脱贫保险"，风险保障超过5000亿元，从财产、产业等方面为贫困户提供全面保障。河北魏县推出"防贫保险"，重点关注处于贫困边缘的临贫、易贫特殊人群，为魏县 80 万农村人口织起一张贫困线上的防护网。随后，威县、磁县等十几个河北省的县（市、区）积极探索引入防贫保险机制，为近 300 万人提供防贫保障，这是降低产业扶贫风险的有力举措。

第五节　产业扶贫未来发展方向

产业扶贫是一项复杂的系统性工程，既要讲求效率，又要兼顾公平；既涉及自然风险，又涉及市场风险，还涉及利益关联等多个方面。因此，推进产业扶贫要用系统思维来谋划，用综合手段来创新，在以贫困户为核心、以贫困群众增收为目标的基础上稳步推进，把好未来产业发展方向关。

一、产业扶贫模式多样化发展

随着扶贫工作的推进，贫困地区依据自己的资源优势在实践中探索出多样化的产业扶贫模式，未来将更加注重开发本地优势资源，多种扶贫模式促进差异化发展，用特色品牌推动高质量脱贫。

（一）产业扶贫特色化和差异性将会更加明显

实践证明，产业发展和产业扶贫是贫困地区扶贫脱贫的主导路径，过去是，未来同样如此。但是在未来的市场竞争中，由于贫困地区自然环境条件的改善，社会保障和公共服务均等化程度的提升，扶贫产业的实力也将会不断增强，届时，贫困地区将与一般发达地区的市场一样，必然会出现市场竞争性越来越强的情况。不同地区的产业基础、条件和规模等情况各不相同，只有产业扶贫特色化和差异性，才能获得较好的扶贫效果。我们认为，产业扶贫的特色化和差异性主要体现在产业创新、产品创新、业态创新、管理创新、模式创新等。扶贫产业的差异性正是产业特色化的基础，集中力量扶持特色优势产业是实施精准扶贫的重要抓手，能够发挥示范带动作用，形成产业品牌优势，形成区域产业优势，促进贫困群众持续稳定增收。

（二）全方位、多层次地开发利用资源成为未来产业扶贫的必然选择

贫困地区伴随自身产业实力的增强，开发资源能力也会相应得以提升，因此，未来产业扶贫将在充分依托传统资源的基础上，积极探索打破原有的以传统农业资源为核心的产业体系和产品结构，从而走向综合性、全方位、多层次的资源开发和利用道路。其特点就是：传统农业的升级和产业融合、生态绿色资源的深度开发和利用、特色民俗民风等文化产业的开发挖掘等，不断培育特色产业扶贫与发展的新增长点。例如，独有的红色资源的弘扬，培养艰苦奋斗的民族精神和内生动力培育。打造"生物质能源产业+扶贫"新模式，创新与发展生物质能源资源的开发。我国完全自主创新的生物质能源商业应用技术已处于世界领先水平，而贫困地区是我国最大的资源储藏地，因此，未来贫困地区利用生物质能源生产电能、热能、燃气、燃油等高品质清洁能源商品具有巨大的优势和基础，生物质能源产业已成长为具有明显发展优势的战略性新兴产业，在未来的扶贫脱贫中将会担当更大的责任和使命。

（三）积极创新和探索多种产业扶贫模式是未来扶贫脱贫的必然趋势

尽管全国各地已经探索出了很多产业扶贫的新模式，诸如联户经营型、企村共建型、租赁经营型等，但积极创新和探索多种产业扶贫模式将仍然是未来扶贫脱贫的必然趋势，这种趋势主要体现在扶贫产业选择和资金使用上。第一，在扶贫产业选择上，将继续探索"互联网+"产业扶贫新模式。未来"互联网+"等高新科技发展已经成为引领社会经济发展和人类文明与进步的最核心要素，以互联网、人工智能、大数据为核心的科技新平台不断涌现，同样会在贫困地区加以利用，而且市场潜力更大。产业扶贫的新业态、新模式将成为必然选择。尤其在消费扶贫新平台和新方式的创新方面，互联网、人工智能和大数据等将会在贫困地区农产品销售方式和渠道等方面产生更加深远的历史性影响，同时推动当地农户在居家创业、本地就业方面发挥重要作用。如果说21世纪前20年，城市和发达地区是互联网、人工智能和大数据日新月异的更迭换代之地，那么，未来20年，农村贫困地区则是互联网、人工智能和大数据产业发展和脱贫致富的最大盈利点和最广阔的市场。反过来说，

未来贫困地区产业扶贫将选择更多借助互联网、人工智能、大数据发展的创新模式。第二，在资金使用上，金融创新模式和创新产品将成为贫困地区产业扶贫的"催化剂"和"放大器"。实践证明，产业扶贫离不开金融的不断创新，金融将像贫困地区经济发展的血液一样，一时一刻都不能缺少，而其特殊功能尤其是"造血"功能，则使其产业扶贫的作用得以持续性发挥，保持长期生命活力。未来将积极探索将商业性与普惠制有机结合的新模式、"农村承包土地经营权抵押贷款"的新方式、"保险＋信贷"的扶贫新产品、"担保基金＋贫困户＋贴息"的新工具、绿色生态金融的新业态。

二、更加重视提升产业扶贫质量和水平

提升产业扶贫质量水平和可持续性，不仅能为打赢脱贫攻坚战提供有力的支撑，而且也是2020年后产业扶贫的内在要求。

（一）多渠道延伸产业链及强化产业融合是提升产业扶贫质量的基础

产业扶贫实践早已证明，单一型、资源产品型的扶贫产业难以达到稳定长效的增收效果，只有多形式多层次延伸产业扶贫产业链及强化产业融合，才能提升产业扶贫的质量和水平。适应未来的市场经济发展和贫困地区的新目标新战略新要求，必须走一二三产业有机融合的道路，实现一产强、二产优、三产活，推动农业生产全环节升级，从而延伸扶贫产业链，增加附加值，打造区域经济发展的整体产业结构。

（二）多形式拓展贫困户受益的共享机制是提升产业扶贫水平的关键

产业扶贫核心是提高贫困人口的参与度和获得感，获得可持续性收益。建立有效的利益捆绑机制与共享机制则是未来提升产业扶贫水平的关键和保障。要确保产业扶贫中的多元主体"责、权、利"清晰，形成多方参与、合作共享机制。

三、产业扶贫绿色化将成为必然趋势

2020年后，我国扶贫脱贫将会进入新的历史阶段，从消除绝对贫困向缓解相对贫困转变，从农村扶贫向统筹城乡转变已经基本形成共识，要实现以

上两个转变都离不开绿色减贫方式。因为绿色发展处于五大发展理念的核心位置将会长期不变，而消除一切形式的贫困既是联合国2030年可持续发展议程目标，也是中国2020年后减贫的新使命。毋庸置疑，无论是从完成和推进我国防范化解重大风险、精准脱贫、污染防治三大攻坚战的新责任，还是完成新时代我国战略目标来看，绿色减贫都将是2020年后我国减贫战略的必然选择。扶贫改革实践证明，绿色减贫既是提升巩固脱贫攻坚质量的内在要求，也是贫困地区发展转型的战略方向需要，也是顺应全球可持续发展目标的必然趋势和深化国际减贫合作与交流的有效方式。

2020年后，国家应从战略层面上推动"绿色减贫工程"，部署制订《绿色减贫十年规划》。绿色减贫的总体原则是区域瞄准，兼顾保护与开发。具体主要体现在两个方面：第一，开发与保护并重、分区域实施，宜开发则开发、宜保护则保护，突破开发与保护的两难境地。第二，以"三个面向"为原则，分类实施绿色减贫战略。即面向深度贫困地区，面向生态脆弱地区，面向绿色资源富集地区。

从时序推进来看，2020年后绿色扶贫可分为三个阶段（至2035年，以乡村振兴第二个阶段完成为时间节点）：2020—2025年，完成绿色减贫的体制机制建设，完成生态扶贫搬迁；2025—2030年，绿色资源开发形成规模，形成具有核心竞争力的现代化绿色产业；2030—2035年，绿色产业基本实现现代化，欠发达地区农民就业质量大幅提升，相对贫困问题也得到一定缓解。

从区域推进战略来看，2020年后绿色减贫要按照区域间差异分类实施。即结合《主体功能区规划》和《生态功能区规划》，可以按以下不同功能进行战略功能定位：第一，生态脆弱地区。主要是面临较大生态、环境风险的地区，区域范围上主要包括主体功能区中禁止开发区的全部、限制开发区中生态功能区的大部分欠发达地区。这类地区的发展以减少人对生态的扰动为主，策略上以整体性的生态扶贫搬迁为主。第二，农产品提供地区。区域范围主要是生态环境较好、资源富集地区，以及为城市提供服务的地区，主要是《主体功能区规划》中限制开发区中农产品主产区，以及《生态功能区规划》中产品提供地区。政策方向主要在尽可能减少对环境扰动的基础上，利用绿色资源，以绿色资源开发、现代农业为主，并承接部分生态扶贫搬迁。第三，边境地区。区域范围主要是靠近边境的欠发达地区，以服务国家领土安全、恢复和保护生态为主，策略上以生态补偿、公益性岗位为主。第四，深度贫困地区。区域上以目前"三区三州"为主，策略上以基础设施改善、公共服务均等化为重点，综合开展绿色减贫工程。第五，其他欠发达地区。区域上是除以上区域之外的欠发达地区，策略上以绿色资源开发为主，实施综合性绿色减贫战略。

从政策保障体系来看。2020年后绿色减贫作为一项国家战略和综合性工程，需要搭建一套整体性的政策保障架构，至少但不限于以下几个方面。第一，赋予绿色减贫明确的国家减贫战略定位，从国家层面制定和推动《绿色减贫十年规划》，积极实施绿色减贫工程。第二，明确定位欠发达地区特别是西部欠发达地区，即重点解决好处于限制开发功能区和禁止开发功能区范围内的欠发达地区在发展规划与保护规划之间的关系，有必要从制度上重新明确，建立面向重点生态功能地区和生态脆弱地区的瞄准机制。第三，建立绿色减贫综合性保障机制。主要包括绿色减贫的财政金融支持机制、考核评价机制、益贫瞄准机制、产业引导机制和社会动员机制。加快推动和完善绿色资产核算，积极尝试和建立绿色产品资产化和资本化的市场机制。第四，建立科学全面系统的绿色减贫监督考核机制，科学合理制定和完善绿色减贫考核指标体系，积极推进并实施绿色减贫考核制度。第五，不断探索、完善绿色减贫的模式。从生态补偿、绿色产业、生态扶贫搬迁和绿色资源开发等绿色减贫模式入手，不断放大绿色减贫的效果。

四、产业扶贫将为贫困地区的乡村振兴奠定坚实基础

从乡村振兴战略"产业兴旺、生态宜居、乡风文明、治理有效、生活富裕"的总体要求看，产业振兴是乡村振兴的首要目标和重要基础，也是贫困地区2020年后的新目标。贫困地区通过实施因地制宜的产业扶贫政策，带动农民增收致富，同时促进人才振兴、文化振兴、生态振兴和组织振兴的实现。

第六讲　产业扶贫

（一）产业扶贫是贫困地区乡村振兴的基础前提

乡村振兴，产业兴旺是重点。产业扶贫是贫困地区发展的根基。产业兴旺，农民收入才能稳定增长，没有产业的发展，就没有农村生产力的进步，就没有农民的持久、深层、源头的富裕，也就没有农村发展、改善、变美的根本支撑。

（二）通过产业扶贫促进人才、文化、生态、组织等全方位振兴的实现

扶贫产业在发展过程中推动农业产业转型升级，培育了一批有文化、懂技术、会经营、善管理的新型职业农民队伍，同时激励各类人才在农村广阔天地大施所能、大展才华、大显身手，打造一支强大的乡村振兴人才队伍，即新时代现代农民新生代。因此，以下几个方面成为重要选择。第一，脱贫攻坚应融入乡村振兴战略。脱贫攻坚和乡村振兴是贫困地区农村发展的两个阶段。立足当下，首先要打好解决"两不愁、三保障"的脱贫攻坚战，重点解决贫困人口最需要解决的现实问题，确保到2020年实现现行标准下农村贫困人口脱贫的目标，确保全国人民一起迈入全面小康社会。着眼未来，则有必要在脱贫攻坚的过程中，不断提升贫困地区、贫困人口的内生动力，实现贫困地区的可持续发展，确保2020年后贫困地区的农村能够朝着"产业兴旺、生态宜居、乡风文明、治理有效、生活富裕"发展。在这个意义上，贫困地区的农村在解决当前问题的基础上，应当着眼未来，将脱贫攻坚融入乡村振兴战略，注重贫困地区内生动力提升，不断夯实乡村振兴的基础，而产业扶贫是基础。第二，利用乡村振兴战略，提升产业扶贫脱贫质量。乡村振兴是提升扶贫脱贫质量的历史契机。中央农村工作会议指出"把提高脱贫质量放在首位"，意味着脱贫工作的重心要从注重脱贫进度向更加注重脱贫质量转变，要实现"打赢"向"打好"的转变。扶贫脱贫既是攻坚战也是持久战。脱贫的速度、数量和质量要服从攻坚战，实现2020年脱贫的目标；也要服从持久战，实现"真脱贫"，达到贫困人口长效脱贫、少返贫的效果，贫困人口和贫困地区在未来较长一个时期也能够实现较好、高质量的发展。第三，实现消除绝对贫困向缓解相对贫困转化，提高和加速乡村振兴的速度和效果。通过注重

缓解相对贫困，不断提升乡村振兴的速度和效果，脱贫攻坚最后三年，既要注重消除绝对贫困，也要缓解相对贫困。2020年以后，相对贫困问题很可能是制约乡村振兴速度和效果的关键性因素，尤其是会影响农村的社会公平。此外，由于种种原因，在脱贫攻坚的过程中，出现了"造盆景"和"垒大户"的现象，贫困人口内部出现了一些不公平现象，一些贫困人口的生产生活情况亟待改善。还有一些不是贫困人口但处在贫困人口边缘的人群，由于缺乏相关政策的支持，近几年生产生活情况的改善较慢。有必要尽快探索解决相对贫困问题的措施，尽早形成缓解相对贫困的制度框架。通过解决相对贫困问题，提高和加速乡村振兴的速度和效果，确保乡村全面振兴，农业强、农村美、农民富全面实现。

思考题

1. 简述产业扶贫在脱贫攻坚战中的地位和作用。
2. 简述扶贫产业选择的思路和方法。
3. 简述对地方产业扶贫进行有效评估的方式方法。

扩展阅读

1. 张琦、王建民：《产业扶贫模式与少数民族社区发展》，民族出版社2013年版。
2. 刘璐琳：《集中连片特困地区产业扶贫问题研究》，人民出版社2016年版。
3. 邓子纲：《大文化视阈下产业扶贫与特色发展研究》，中国社会科学出版社2017年版。

第七讲 资产收益扶贫

【导　读】资产收益扶贫是新时期我国精准扶贫政策的重要抓手。它是在精准识别的基础上,以稳定增加贫困人口,尤其是失能弱能贫困人口的财产性收入为直接目的,创造资产、撬动贫困地区资源,充分运用市场化因素,提高贫困人口生产参与度,为其创造财产性收入的新型扶贫模式。本讲主要阐述了资产收益扶贫的概念、原理、资产类型、实施对象、受益机制等基本问题,并对当前我国资产收益扶贫的实践效果进行总结和评价,提出资产收益扶贫面临的问题挑战以及进一步的发展方向。

资产收益扶贫是新时期我国精准扶贫政策的重要抓手。在中国经济发展新阶段、贫困问题的新形势下,"十三五"规划中明确提出"探索资产收益扶持制度,通过土地托管、扶持资金折股量化、农村土地经营权入股等方式,让贫困人口分享更多资产收益"。资产收益扶贫是指在精准识别的基础上,以稳定增加贫困人口,尤其是失能弱能贫困人口的财产性收入为直接目的,创造资产、撬动贫困地区资源,充分运用市场化因素,提高贫困人口生产参与度,为其创造财产性收入的扶贫项目。

第一节　资产收益扶贫的概念与基本理论

一、基本概念

资产收益扶贫是指将自然资源、公共资产(资金)或农户权益资本化或股权化，相关经营主体利用资产产生经济收益后，贫困村与贫困农户按照股份或特定比例获得收益的扶贫项目。

资产收益扶贫的基础是资产或资金投入，包括财政资金、自然资源、农户或村集体资产等。资产收益扶贫首先要确定以何种资产参与项目，这些一方面取决于资源或资产的自身存量，即地区资源特征、项目资金状况等；另一方面取决于市场需求，只有市场需要的资源或资本才能获得收益，只有市场主体愿意吸纳的投资才是有效率的投资。如何将资源和资金变为资产，主要依托于引入何种市场主体参与项目。农村资源的潜力十分丰富，只要引入合适的公司或合作社开发，资产收益扶贫的范围相应会大大拓展。

资产收益扶贫的基本理念是通过市场获得资产收益，以收益实现农户福利。资产收益扶贫的最大特点在于资产通过市场化运营获得收益，无论是自然资源还是农户或公共资产，只有通过市场化的运作，与市场主体合作才能获得应有的资本报酬。与传统扶贫项目不同，资产收益扶贫项目中，贫困农户不是通过获得资产或资源本身实现收入增加，而是通过资本收益分配实现福利改善。

资产收益扶贫的直接目的是增加农户财产性收入。通过资产收益实现福利的直接方式是增加农户财产性收入，是在"农业和农村之外"增加农民收入的重要途径之一。随着我国经济进入新常态，贫困人口依赖传统农业和低技能务工获得的生产经营性收入和工资性收入上升空间十分有限，财产性收入成为提高贫困农户收入的着力点。资产收益扶贫通过赋予农户财产权利，为权利的资本化提供条件，实现增加财产性收入的直接目的。

资产收益扶贫的核心理念在于赋权，即将资产收益权赋予农民，而不是资产本身。通过赋权这一举措，农户可以获得长久性的资产收益。同时依托财产权利参与市场可以有效提高贫困人口的组织化程度和市场意识，从根本上解决贫困人口的市场参与问题。

资产收益扶贫的核心是收益方式。在资产投入的基础上，以股权还是债权投资、与何种主体合作参与市场化运作等收益方式是项目成功的核心要素。资产作为股权还是债权进入市场面临着不同的收益水平、风险管理和监督机制。同时，产业和企业选择是保障项目成功的核心问题，政府在这一过程中应当发挥引导和筛选作用，重点鼓励带动性强、发展前景好、战略性特征明显的产业参与项目。在市场主体选择时，则要充分考察企业或合作社的财务状况、人事情况、出资实力以及项目参与积极性等，以保障项目的稳定性和持久性。

资产收益扶贫的保障是分配方式。无论资产以何种方式产生收益，对贫困农户福利产生最直接和最根本影响的是分配环节。分配方式的确定不仅要考虑项目的规模效应和可持续性，还要充分体现项目的益贫性。项目收益的分配对象除了贫困农户外，可以将村集体纳入。在分配环节要强调建档立卡贫困户的分配优先权，保障项目的益贫性。资产收益扶贫并不排除一般农户的资产参与，相反，资产规模的适度扩大可以吸引大型市场机构参与项目，有利于项目收益水平的提高。但在分配环节，资产收益扶贫项目应当体现其"扶贫项目"的本质，对贫困农户，尤其是失能和弱能贫困户进行有倾向性的分配。同时，应当将项目参与度纳入分配标准，区别于以往的救济性扶贫措施，积极鼓励具有劳动能力的贫困农户参与项目，提高市场意识，发展自身能力。

资产收益扶贫的优势在于对失能弱能贫困户的帮扶有效性。现有建档立卡贫困户中有大量的失能和弱能劳动力，包括健康状况较差、残疾、高龄等，这部分人口的脱贫需要依赖现有的社会保障兜底政策，资产收益扶贫项目的建立是对其收入福利的有效补充。同时，在产业和企业发展允许的条件下，鼓励弱能贫困农户，尤其是老年贫困户就地参与轻体力劳动，增强自我发展意识。因此在项目设计时，要充分考虑这部分贫困农户的特征，将其收益和发展同时作为项目的目标。

二、基本理论

中国扶贫领域的资产收益扶贫借鉴了迈克尔·谢若登资产建设理论和阿马蒂亚·森能力贫困理论。1991年，美国学者迈克尔·谢若登出版《穷人与资产——一项新的美国福利政策》一书，引起了社会对福利政策的深入思考，并由此逐步衍生出了资产与贫困相关主题的研究。谢若登认为美国以收入转支为主要方式的福利政策并没有帮助穷人摆脱贫困,"虽然收入转支有助于暂时减轻贫困,但没有根本解决贫困问题"。在当时的政策视野中,贫困仅限于收入一个维度,普遍认为贫困产生的原因是针对穷人的资源供应量有限,因此需要不断增加供给,以缓解贫困状况。与主流观点相悖,谢若登认为"收入只能维持消费,而资产则能改变人们的思维和互动方式",主张为穷人积累资产。在资产增加的过程中,穷人开始从长计议,资产开始"改变人们的头脑"。这一观念与中国古语"有恒产者有恒心"一脉相承。资产收益扶贫的关键在于盘活农户或村集体已有资源,将资源资产化,并精准分配至帮扶对象,这一过程有效改善了贫困人口的资产积累,一方面以财产性收入保障其持续增收,另一方面资产建设本身对于贫困人口的经济行为和思维方式将会产生影响。

阿马蒂亚·森首先提出了"可行能力贫困"的概念,这一概念从自由发展观的角度出发,认为"贫困不仅仅是贫困人口收入低下的问题,而是意味着贫困人口缺少获得和享受正常生活的能力,或者说贫困的真正含义是贫困人口创造收入能力和机会的贫困"。虽然贫困首先表现在收入不足上,但穷人贫困的根源在于其基本可行能力,即实质自由被剥夺,阿马蒂亚·森将这种基本可行能力描述为"最低限度的能力,以及一些基本的社会生活方面的能力"。具体而言,阿马蒂亚·森的权利体系包含四个方面:① 以交换为基础的权利,一个人有权将自己的商品与他人交换;② 以生产为基础的权利,一个人有权将自己的资源或雇用来的要素用于生产;③ 以自身劳动力为基础的权利,一个人有权将自己的劳动力用于自己组织的生产或受雇于他人;④ 以继承或转让为基础的权利,一个人有权继承财产或接受赠予。在我国的扶贫实践中,贫困农户虽然拥有耕地、林地以及房产等丰富的资源,但受制于市场条件和制度约束,资源转换成资产并获得收益的权利并未充分实现,这导致贫困人口财产性收入不足,个人福利被剥夺。资产收益扶贫类帮扶措施的本质是改善贫困人口以资源实现收益的能力,在资产建设的基础上,以市场化的运作方式帮助其获得财产性收入,从而改善其福利水平,实现稳定脱贫。

第二节 资产收益扶贫的资产类型

资产收益扶贫中的资产类型，可以从不同角度进行划分。从资产来源角度可以分为自然资源类资产、资金类资产、权益类资产和固定资产；从资产属性角度可以分为有形资产和无形资产；从归属主体的角度划分，可以分为集体资产和个人资产；从用途的角度划分，可以分为直接投资类资金资产、资金投建形成的经营性生产资料类固定资产。

本讲将可用于资产收益的资产类型初步划分为自然资源类资产、农户和村集体自有资源或权益类资产、直接投资类资金资产、资金投建形成的经营性生产资料类资产，以及资本市场扶贫这一新型资产收益类型。对这五种主要资产类型进一步细分，可将自然资源类资产分为依托光伏资源建设的光伏电站设施资产、依托水力资源建设的小水电站设施资产、矿产资源资产、旅游资源中的生物质资源资产等。可将农户和村集体自有资源或权益资产分为土地资源资产、房屋或宅基地资产，其中，土地资源资产可分为耕地、林地、"四荒地"、养殖水面等类型。从投入方式的角度可将直接投资类资金资产分为直接投入企业参与经营、投资理财。此外，还包括资金投入建设生产经营性设施和不动产等固定资产。

一、自然资源

光伏电站建设和光伏发电扶贫，主要通过政府、企业和贫困村（户）合作实现。光伏扶贫项目将扶贫资金、企业投资、农户自筹资金等对接，形成集中式或分户式光伏电站，农户获得发电收益。光伏扶贫实施的条件是太阳能光照资源充足。资产收益扶贫充分利用贫困地区农村丰富的太阳能资源，在村内建设光伏电站，通过光伏发电促进贫困村和贫困户实现"阳光"增收。

农村小水电资源开发，在广东、江西等具备开发条件的农村局部地区已经展开实践探索。贫困农户通过小水电开发获得资产收益，是通过国家财政投入小水电开发形成以小型水电站为主的资产，折股量化到村到户，贫困农户可获得小水电股份的分红收益，或是贫困农户以就地享受优惠电价从而节约生活成本的方式，间接享受开发红利。

农村集体经济组织和农民家庭依托生态环境和人文历史资源，通过利用"四荒地"（荒山、荒沟、荒丘、荒滩）、果园、养殖水面等自然资源，利用闲置的各类房产设施、集体建设用地等，通过自主开发、公开招投标、合资合作等方式，发展休闲农业和乡村旅游。在乡村旅游扶贫项目中，村集体和村民除了把自有房屋和闲置经营性房屋入股旅游公司，参与"房东经济"，还把树木等生物质类自然资源折价入股，参与乡村旅游经营活动。

自然资源作为资产收益扶贫项目的资本投入，具有成本低、收益稳定的特点。但自然资源的开发成本高，且配套设施的建设需要大量资金投入，需要大的企业或政策带动。如电力部门电网改造时配合光伏电站并网发电的补贴，扶贫资金对于贫困县电站建设的补贴，国家能源局对光伏项目的补贴。

二、农户和村集体自有资源或权益

资产收益扶贫项目中，投入农户或村集体自有资源的重要代表是土地资源。包括农户土地流转和土地入股；村集体荒山荒坡入股等多种形式。土地参与资产收益扶贫的具体方式包括传统土地流转和土地入股两种方式。土地流转形式近年来在我国发展迅速，日臻成熟，本章不再赘述。土地入股是指以土地使用权作为股本投入合作社或企业生产，按照固定或浮动方式进行分红。农户以土地入股后，个体不再参与生产决策过程。

土地资源资产的特点是分布广泛，是项目实施中具有普遍性的资产投入类型。但是由于土地资源的类型和禀赋存在差异，土地资源的价值也存在差距。农村土地资源参与资产收益扶贫，有效盘活了山地、"四荒地"等存量资源，形成了村集体所有的自然资源类资产，拓宽了村集体收入来源，有助于村集体实现经济积累。土地资源的资产化使农户积累了家庭资产，对于农民将承包到户的耕地和林地资源通过流转或入股方式参与资产收益扶贫项目，不能采取强制手段干预家庭决策，而要在充分自愿的基础上引导实施。同时，以土地入股参与企业经营的过程中，土地折算的股本金是以每年的流转费计算还是按照市场交易价格计算仍然存在较大争议。从市场规律看，按照土地市场交易价格入股是更加符合资本估值的方式，但受制于我国土地赋权工作滞后和土地交易市场不完善，农户以土地入股往往面临着价值被低估的困境。

除土地外，自有资产入股还有多种形式。村集体或农户将其所有的房屋或宅基地入股产业类项目和乡村旅游项目。在种养类产业项目中，贫困村和农户将闲置房屋作为厂房或仓库入股或出租，获得股份收益或租金收入。在乡村旅游项目中，利用闲置的各类房产设施、集体建设用地等，自主开发或者通过公开招投标、合资合作等方式，发展休闲农业和乡村旅游。农村闲置房屋参与资产收益扶贫项目，盘活了存量资产，增加了村集体收入。

三、扶贫资金直接投资

扶贫资金以入股、借贷等形式直接进行投资，不涉及购买或建设等环节，产生收益向贫困农户和贫困村进行分配。在中共中央、国务院关于《落实发展新理念加快农业现代化实现全面小康目标的若干意见》中，对于深化农村集体产权制度改革，明确提出探索将财政资金投入农业农村形成经营性资产，通过股权量化到户，让集体组织成员长期分享资产收益。

在这一模式下，原本应当"资金到户"的扶贫资源整合使用，实现效益到户。同时，以扶贫资金直接投入资产收益扶贫项目可以压缩项目投资周期，基本实现当年收益，且适应产业范围广。

扶贫资金直接投资将"资金到人"的扶贫理念升华为"效益到人"，传统的扶贫资金到户后效益受到农户自身能力制约，对于缺乏劳动能力的贫困户，直接资金到户容易"打水漂"，无法实现帮扶效果。资产收益扶贫项目则通过市场主体参与并发挥其经营管理特长，弥补农户能力短板，为这部分贫困户提供了稳定持久的收益。但是，公共资金投入私人企业，并将资金使用权交给企业实施市场化经营，也存在资金保值风险和收益是否透明的问题。为了保证公共资金在企业经营管理中保值增值，需要创新设置公共部门主体和农户代表参与项目的监督机制。

四、扶贫资金投资生产设施和不动产

该种资产类型的来源和形成，是通过资金投资购买或建设生产设施、设备和不动产，并以其入股或出借给经营主体，获得相应股权分红或租金收入，再对投资主体进行分配。这一生产资料类型资产，包括农业机械、生产厂房、商铺、农业配套设施（如田间道路、灌溉设施、大棚、储藏和风干设施等）。

资金投入建成的生产设施和不动产，就固定设施所在的位置而言，可以分为本地设施和异地设施。本地设施一般形成了村集体所有的固定资产，通过参与产业类资产收益扶贫项目，增加了村集体收入，有助于村集体经济积累和对贫困户进行再分配。异地设施一般建在城镇，市场收益较高，对农村贫困户而言能够直接增收，但和资金投建形成本地固定设施相比，贫困主体一般只对异地设施享有收益权，异地设施不能形成农村的存量资产，农户也难以参与其中。

第三节 资产收益扶贫的收益方式和运行机制

一、资产收益扶贫的收益方式

（一）直接收益

直接收益是指经营主体直接利用自然资源、公共资产和扶贫资金取得收益后按照约定进行的收益分配。可进一步分为固定收益和浮动收益。

固定收益模式的资产收益项目一般采用出租或借贷的形式，获得固定租金或利息收益。其收益不与大户、合作社或企业的利润挂钩，不承担经营风险，但收益水平较低。固定收益模式对监督机制要求较低，不需要政府或农户对企业经营行为进行专门的监控。在资产收益项目的分配比例上，大部分项目采取了按照固定比例对分配对象进行分配。

浮动收益模式的资产收益扶贫项目采用资产入股参与企业利润分红的模式，一般根据经营利润在不同主体间进行分红；在种植类产业项目中，考虑到农产品生长周期，一些项目分年份对利润比例设计了分配方案。浮动收益模式一般在项目初期收益率水平较高，但扶贫资产占股比例、投资对象、经营状况、市场风险等对收益有直接影响，可能造成农户收益的不稳定性。另外，政府如何通过灵活使用政策工具使扶贫资金获得更大的占股比例、有效地甄别收益率高且波动性小的项目，是项目成功的关键因素，这些都对政府的市场敏锐度和预测能力提出了更高的要求。同时，浮动收益对风险兜底机制和监督机制要求较高。

（二）间接收益

间接收益是指通过扶贫投资在当地扶持的产业，带动贫困农户增加生产和就业，从而间接提高收入水平。主要通过农户参与企业生产，增加工资性收入和产品销售收入的途径实现。要实现间接收益，项目需要满足在当地投资和广泛用工两个条件。对于当地贫困农户带动作用较大的产业往往在用工条件上较为宽松，可以尽可能多地吸纳劳动能力较弱的贫困群体，如老年贫困人口等。

在我国经济"新常态"的宏观背景下，项目通过直接收益很难同时兼顾贫困户脱贫和企业发展两个目标。如果可以引入用工量较大的企业，一方面企业获得了低成本的劳动力，另一方面间接收益促进了贫困农户增收，实现了双赢目标。同时，相比于直接收益，间接收益尤其是工资性收入可以提高农户自身能力，激发其发展动力，避免贫困户产生"等、靠、要"的消极思想，促进项目的可持续发展。对于具备劳动能力的贫困人口是更为有益的帮扶方式，也是区别资产收益扶贫与传统直接转移支付类帮扶的关键之一。

二、资产收益扶贫的分配对象

（一）建档立卡贫困户中的失能和弱能贫困户

失能贫困户是指完全丧失劳动能力，不能参与生产和创收活动的贫困户。贫困村中丧失劳动能力和缺乏自主脱贫能力的贫困人口是难以脱贫的特别贫困群体，这一部分人口兼具收入贫困和能力贫困的特点。弱能贫困户是指劳动能力有限，只能从事轻体力劳动的贫困户，主要包括年龄超过 60 岁以及主要健康状况不佳的建档立卡贫困户。这两类贫困人口在总贫困人口中比重很大，而弱能贫困人口的比例又大大高于失能贫困人口。

资产收益扶贫的初衷，就是探索通过明晰财产权利和增加其财产性收入，助力解决这部分特别贫困人群脱贫的问题。调研发现，在本地实施的资产收益扶贫项目，可以通过带动农户生产、为农户提供工作机会、扩展农户销售渠道、引入新产业新技术等方式，帮扶所有类型的贫困户，但其中提供工作机会和销售渠道两种形式对失能贫困户和弱能贫困户的帮扶作用更为明显。

（二）一般农户

资产收益扶贫在实践中并不具备明显的排他性，在农户层面，参与分配的群体往往不只局限于丧失劳动能力和能力较弱的贫困农户，一般农户也在某些项目中分享了扶贫资金带来的收益。在项目实践中，将一般农户纳入资产收益分配当中，主要是村"两委"与地方扶贫部门出于减少村内矛盾、平衡多数人利益的考虑，也是出于项目发展初期需要当地村民支持的考虑。

（三）村集体和村民小组

目前的资产收益扶贫项目基本采用所有权、使用权和收益权三权分离的模式。所有权在村，初次收益权也在村，能够形成村集体的积累和增加经营性收入。村集体参与分配可以增加村集体积累和壮大基层组织。

三、资产收益扶贫的主要机制

（一）风险兜底机制

建立有效的风险保障机制，一方面是为了保障项目资金投入的安全，另一方面有助于保障农户收益水平和收益持久性。在资产收益扶贫项目实践中，由于大多尚处在探索阶段且未产生实际效果，一些项目并未提出切实可行的收益保障措施，从而使贫困农户可能遇到收益落空的风险。虽然部分农业企业在投资中以农业保险作为风险担保机制，但鉴于其补偿金额十分有限，难以完全对冲风险，保障贫困农户获取稳定收益。扶贫资金一旦投入，应当稳定地产生收益，以保障覆盖群众的收入稳定性，而现有的风险担保机制尚无法起到这样的作用，不利于政策目标的实现。

（二）动态调整机制

对于贫困户退出应当建立明确机制。确定资产产权归属，贫困户、贫困村脱贫后，资产及其收益归属应当明确。为了扩大资产收益扶贫的覆盖面并保证扶贫资金的公平使用，对资产收益扶贫项目中帮扶对象也应当实施动态管理，定时将脱贫农户调整出列，同时纳入新的帮扶对象。从赋权和资产积累的角度考虑，将所有权和收益权固定给贫困户是必要的，且有利于稳定脱贫。但从扩大覆盖面的角度考虑，不固定所有权和收益权则有利于后期的调整。这一矛盾主要应通过增加资产收益扶贫的投入力度来加以解决。

（三）收益监督机制

扶贫资金投入企业、大户和由能人掌控的合作社后，如果对投资对象的生产经营行为、财务状况等缺少有效监督，就可能存在企业、大户和合作社侵占贫困户利益的风险。在入股分红、浮动收益分配机制下应当重视此类情况。企业的生产经营状况，尤其是财务信息，与投资分红密切相关，而现有案例中的投资对象多为中小企业和合作社，往往面临内部控制不严、外部监管不足的情况，如果在项目中难以形成有效的监督机制，则可能出现企业、大户隐瞒或伪造财务信息，侵占扶贫资金收益的情况。

第四节　资产收益扶贫的效果及特点

一、资产收益扶贫的项目成效

（一）有效针对失能和弱能贫困人口

资产收益扶贫项目适用于所有类型的贫困户，但对失能贫困户和弱能贫困户的帮扶作用更为明显。传统的产业扶贫措施，基本上以有劳动能力、可以独立从事生产经营活动的贫困人口为帮扶对象，在很大程度上将失能和弱能贫困人口排斥在外。而资产收益扶贫并不以劳动能力，特别是独立的生产经营能力为实施条件，项目的经营主体是公司、合作社和大户。失能和弱能贫困户即使不参与项目的经营管理也可以直接和间接受益。因此，资产收益扶贫是扶持失能和弱能贫困人口的有效方式，在很大程度上弥补了现有扶贫措施的不足。

（二）高效的到户模式和资产积累方式

由于贫困农户在观念、能力、资金、技术和市场等多方面的局限，在以往产业扶贫实践中成功的案例并不多，这也是扶贫项目和资金长期以来到户率低的重要原因。资产收益扶贫强调的不是扶贫资金直接到户，而是重点关注扶贫效益到户。这使贫困户避开了很多限制因素，能从规模化和组织化的产业发展中直接和间接受益。更重要的是，通过赋予产权或股权，可以帮助贫困农户积累资产并利用其持续受益；同时，资产积累有效提高了贫困户抗风险的能力，减少因灾、因病、因市场风险返贫的概率，达到永久脱贫的目标。

（三）增强贫困村集体积累和经营性收益

目前的资产收益扶贫项目基本采用所有权、使用权和收益权三权分离模式，所有权在村，初次收益权也在村，能够形成村集体积累和增加经营性收入。一些项目还明确规定了村集体甚至村民小组的分配比例。这对于提高贫困村的治理能力和促进整村脱贫具有非常积极的作用。

（四）提高扶贫资金使用效率

扶贫资产类型多样，有农户自有资产和自然资产等种类等，因此扶贫资金可以在更大范围内选择收益率更高的资产类型进行投资，如城镇、工业、服务业、新能源以及金融等领域。由此，扶贫资金投入可以从原来的农村和农业，扩展到城市和非农产业，在更大范围内根据收益率进行选择，从而在整体上提高资金使用效率。

1. *提升精准扶贫力度*

资产收益扶贫不仅形式多样，而且涉及的产业门类也很多，有利于项目与其他来源资金（如涉农资金、行业部门资金、社会帮扶资金）进行有效对接和结合。同时，形成的资产大多具有较好的现金流，还贷能力较强，且可以形成有效抵押品，对接金融资金具有更大的潜力。此外，资产收益扶贫还有利于盘活以往扶贫资金投入形成的经营性资产，充分挖掘往期扶贫投资的效益，实现纵向的资金整合。

2. 提升贫困户组织化和参与度

提升贫困户组织化程度，因为各种因素的限制而一直难以破题。主要原因是在市场机制下，贫困户由于生产规模小、管理水平低、专业化程度不高，既没有组织起来的迫切需求，也缺乏组织起来的能力。资产收益扶贫在一定程度上可以改变这种状况，通过对贫困户赋权（资产所有权和收益权），可以将贫困户与组织化的经营主体（公司、合作社）直接或间接连接起来，降低贫困户在生产和创收中面临的资金、技术、信息和市场障碍，提高生产和创收效率。

二、资产收益扶贫的项目特点

（一）拓展了扶贫项目受益主体和产业类型

资产收益扶贫为扶贫项目的发展开拓了更为广阔的空间。一方面，资产收益扶贫项目拓宽了项目参与主体。在资产收益扶贫项目中，村集体作为重要的出资人，可以以村内土地、已建成基础设施等参与企业经营，直接获得资金回报，短时间内迅速壮大实体经济，走出贫困村集体经济困境，为后续"脱贫摘帽"奠定坚实基础。另一方面，资产收益扶贫涉及资产类型更为广泛。在市场经济框架下，只要是产权明确、符合法律相关规定的资产均可以进入资产收益扶贫项目中。只要市场主体愿意接纳，可以被量化产生收益的资产均可参与项目。这大大增加了农户和村集体增收的可能性，为部分发展能力差、劳动能力弱的贫困农户提供了新的收入来源。

此外，资产收益扶贫项目投资对象更为广泛。资产收益扶贫项目不受地域限制、不受产业限制，只要保障"效益到户"即可。对于可移动的资产，如资金、农业机械等，可以进行异地投资，跨村、跨县甚至是跨城市投资，资产产生收益重新回到农村、回到农户手中。资产收益扶贫项目不仅仅局限于农业产业，也可以投资于商业、旅游业等高收益行业。这一机制对我国扶贫效率的提升有巨大帮助。

（二）政府职能转变，社会扶贫模式创新

传统的扶贫项目多是在"政府—贫困农户"之间形成联结机制，政府出台扶贫政策，农户作为扶持对象接受以及配合政策的实施，最终达到农户稳定增收的目的。在资产收益类扶贫项目中，市场力量被纳入这一体系中，农户或村集体直接与市场对接，形成利益联结机制。

政府在资产收益扶贫工作中充当了"中间人"的角色。其主要任务包括两个方面：一是在众多市场主体中选择经营状况好、企业利润稳定、发展前景乐观的企业或合作社参与项目，在市场主体和贫困农户间搭建合作平台；二是扶贫部门作为贫困农户这一弱势群体的代言人，在两者利益谈判过程中，合法合理利用各项政策，提高农户议价能力，尽最大可能增加农户收益。

资产收益扶贫项目中，社会力量参与扶贫的方式也发生了重要转变。在传统的扶贫项目中，社会力量往往是以技术、信息、培训提供者的身份参与扶贫。作为扶贫机制创新，资产收益项目将市场力量与农户直接对接，农户或村集体以资产参与企业经营，企业以利润或利息回馈农户，帮助其脱贫。市场机制被完整地纳入贫困帮扶系统，改变了政府大包大揽的局面，以市场契约保障了扶贫效果，培养了农户的市场意识，提高了贫困人口参与度。

（三）农户决策地位转变，福利实现路径创新

资产收益扶贫项目中，农户只需要根据政府引导，将自己的资本或资金注入企业，无须参与企业的生产经营决策，就能通过资产性收益实现福利改善。企业融资能力强、销售门路广、管理水平高，无疑是更适合进行生产决策的主体。同时，通过参与资产收益扶贫项目，企业可以获得政府的政策性优惠、低价的劳动力、宽松的信贷条件，对生产经营产生积极影响。企业和农户间的重新分工发挥了各自的优势，一方面降低了企业的成本，拓展了利润空间，另一方面保障了农户受益，改善了贫困人口福利。

资产收益扶贫项目注重农户与市场主体对接，农户不是在产品销售环节实现利润，而是以资本获得财产性收入。农户不再是企业产业链上获取利润的中间环节，不再是分散的销售者角色，而是参与市场主体生产经营的重要主体，提供资金流、劳动力、资本等重要投入品，并参与市场主体全产业链

的利润分配。

第五节 资产收益扶贫面临的挑战及发展方向

一、面临的挑战

（一）资产收益模式持续性存疑，法律风险值得警惕

从资产收益扶贫的实践来看，资产入股分红已经成为主流的收益模式。股权合作本应遵循"共负盈亏、共担风险"的原则，但在实际运作中，政府与参与资产收益扶贫的经济实体往往达成"负赢不负亏"的约定。这样的分配机制看似有利于扶贫资金获取稳定收益，实际上项目可持续性却不一定能够保障，且暗藏法律风险。扶贫资金投入时，投资对象多处于经营发展情况较好的阶段，有能力按照政府要求的分配方式分红。但若后续经营出现问题，其自身利润水平降低，甚至出现亏损时，经营主体可能无力分红。强制分红会损害企业的可持续发展能力。"负赢不负亏"的约定和收益分配方式没有经过严格的法律程序，未必能获得司法机关的认可，导致这一约定从长远看不一定能得到落实。

（二）经济下行压力加大，资产回报普遍较低

在我国经济下行压力下，实体经济投资回报率逐步降低，参与各种产业的扶贫资产收益也不可避免地下跌。在资产收益扶贫项目中，如何寻找到发展良好、前景稳定且愿意承接扶贫资产的产业和企业成为最重要和最关键的问题。除了直接收益水平较低外，部分项目农户参与度不足的问题也应当引起重视。对于异地投资和农业投资，农户很难参与到企业的生产经营活动中去，这就意味着资产收益扶贫项目的收益主要是直接收入，缺少间接收入，这会进一步加剧项目收益的不稳定性，削减项目的帮扶功能。无法参与市场经营也意味着项目目标中提升贫困人口市场意识、促进其自我发展的功能无法实现。缺少参与性的资产收益扶贫政策的作用，更加接

近于救济，只能保障基本生活，可能形成"等、靠、要"的思想，不利于扶贫工作的深入开展。

（三）动态管理与风险防范机制尚未建立

分配机制的动态调整缺位是资产收益扶贫项目面临的巨大挑战之一。在资产收益扶贫项目中，受益贫困户的调整机制尚未全部建立，在资金总量有限的情况下，使项目帮扶范围有限。部分地区提出了"帮扶年限"概念，在对某些贫困户帮扶一定时间后，会将其调整出受益对象，加入新的贫困户；部分地区则按照收入标准对贫困户进行定期调整。但是这类动态管理机制面临着农户返贫风险高的诟病。对于通过资产收益扶贫中直接收益达到脱贫标准的农户，一旦将其调整出列，不再获得资产收益，那么其经济状况是否还能维持，是否会由于财产性收入的消失而重新回到贫困人口的行列，都是需要考虑的问题。

市场风险和自然风险是资产收益扶贫项目中不可避免的风险，而建立针对这些风险的防范机制并非易事。资产收益扶贫的一大特点就是市场化的运作，这就意味着无论是何种资产，只要进入市场，就要尊重市场规律、接受价格调节机制的控制，扶贫资产也不例外。除了企业本身面临的风险外，资产收益扶贫当中的道德风险也是不可回避的问题，这一点在股份性质的资产投资中尤其值得重视。股份分红与公司的经营收入、成本核算和利润水平紧密相关，扶贫资产投入后如何对公司财务进行监督会直接影响分红水平。

二、未来发展方向

（一）项目发展要因地制宜、因人制宜

资产收益扶贫项目虽然在参与主体、项目选择等多个方面具有广泛性，但不同地区的发展程度、产业基础不同，决定了在不同地区实施项目时应因地制宜，结合实际情况进行项目设计。对于自然资源丰富的地区，可以发展光伏产业和旅游业，将贫困户和贫困村资产纳入其中，实现保值增值；对于商业发达地区，可以考虑异地投资置业，重点帮扶失去劳动能力的贫困人口；对于具备特色产业基础的地区，可以积极发展高端农业，发挥企业和合作社带动作用，壮大产业优势，鼓励弱能贫困户参与生产。对于产业基础薄弱、市场主体发育不健全的地区，资产收益扶贫可以作为一种扶贫尝试，但不能将重心放在这类项目中。

对于不同类型的贫困农户，在资产收益项目帮扶中应当各有侧重，实现"精准帮扶"。对于因病、因残致贫的无劳动能力贫困户，着重考虑项目的受益度，以政策兜底的方式改善其生活条件；对于具备劳动能力或劳动能力较弱的农户，应当首先发挥项目的参与带动作用，在资产收益的基础上，充分发挥贫困户主观能动性，参与生产活动，并在生产中学习技能，加强内生发展动力，真正实现精准帮扶。在一个地区可以尝试多种资产收益扶贫方式，以适应不同群体的发展需要。

（二）进一步改革和完善各项配套政策

资产收益扶贫项目的创新性与政策面临的机遇与挑战并存。在现有实践中，土地入股的政策风险、经营主体获得贴息贷款等障碍可能制约资产收益扶贫项目的进一步发展。土地入股最大的障碍是农户没有土地所有权而只有使用权，使用权如何入股以及在企业破产清算时如何处理没有明确的法律依据。采用入股分红的模式则意味着"利益共享、风险共担"。在资产收益扶贫项目中投入的扶贫资金，如果没有形成可处理和转换的实物资产并且没有明确产权，相关的经济实体一旦出现经营风险，资金的安全便没有保证。这些问题都需要政策和法律层面的配套改革措施。参与资产收益扶贫的经营主体普遍存在融资难和成本高的问题，可以考虑将参与资产收益扶贫项目的经济实体纳入扶贫贴息贷款的发放对象中，降低融资成本。为增加对资产收益扶贫项目的信贷供给，应该放宽参与资产收益扶贫的农村金融实体（如小贷公司）的融资限制，增加资金供给。

思考题

1. 简述资产收益扶贫的实现方式。
2. 简述资产收益扶贫的发展方向。

扩展阅读

1. 国务院扶贫开发领导小组办公室组织编写：《脱贫攻坚政策解读》，党建读物出版社2016年版。
2. 陆汉文、黄承伟主编：《中国精准扶贫发展报告（2017）》，社会科学文献出版社2017年版。

第八讲　扶贫扶志

【导　读】随着脱贫攻坚工作逐步向纵深推进,扶贫脱贫的深层次问题也日益凸显。其中,如何激发贫困人口的主体性,即将扶贫扶志相结合成为脱贫攻坚阶段一个亟待关注的领域。本讲结合习近平总书记关于扶贫工作的重要论述以及中央相关文件精神,描述精神贫困的表现并分析其原因,阐述扶贫扶志的基本内涵和要求,并探讨其解决办法和路径。

第一节　精神贫困的表现和原因分析

一、精神贫困的具体表现

1. 贫困人口的"等、靠、要"思想和"求、粘、赖"行为并存

贫困人口的"等、靠、要"思想的具体表现有:一些贫困户虽然口头上说"我要脱贫",但从实际看,却是主动性、积极性发挥得不够好,等政府送政策,等联系人送物资、资金,认为等到2020年自然就脱贫了;一些贫困户自身努力不够,靠着产业扶贫中专业大户、专业公司的土地流转费甚至小额信贷、产业风险基金入股收益脱贫;一些贫困户认为,凡是国家的金钱、物资"不要白不要",并且越多越好,个别贫困户甚至只要现金,不要其他物品。

与此同时,贫困户群体中又涌现出"求、粘、赖"的行为方式。一部分贫困户出现了"言必称贫,以扶求扶""凡事都找帮扶干部""要懒懒到底,政府来兜底"等"求、粘、赖"的新现象。在极少数地区,甚至出现了"求、粘、赖"的"升级版",如有的贫困户对扶贫干部放言,"不给我东西,我就让你完成不了脱贫任务",甚至出现了"拼穷"、不养老人、强行分户等现象。

2. 区位劣势与贫困文化交织

贫困问题是综合性的，既表现在贫困人口生产生活困难，也表现在区域经济社会发展滞后。改革开放以来，经过体制改革推动扶贫、大规模开发式扶贫两个发展阶段后，我国贫困人口逐年减少，但贫困特征也随之发生较大变化，贫困人口分布呈现明显的地缘性特征。主要表现在贫困人口向中西部集中，尤其是集中连片特困地区，这些地区大部分是革命老区、民族地区、边疆地区、边远山区等自然条件特别恶劣的地区，大多地处省际交汇地带，有的还位于湖库源头、江河上游、农牧交错区，生态脆弱，区域边缘性明显。有人叫作"地理上的高地，经济上的洼地"。

而且，表面上看这些地区的贫困是由于缺乏基本的生产和发展要素，但是由于该地区和民众没有充分利用发展的比较优势，而且当地长期以来盛行不利于脱贫致富的贫困文化，所以长期落入贫困陷阱。换言之，贫困文化是制约深度脱贫的重要因素。这些地区往往交通闭塞，现代文明渗透不足，市场意识薄弱，思想和观念等层面的贫困是重要原因。

3. 贫困农户参与扶贫政策和项目的意愿不强、动力不足

鉴于中国农村的扶贫开发工作一直具有较强的政府主导性，以政府为中心的扶贫政策、扶贫项目和扶贫资金等往往是扶贫工作能够推进以及在多大程度上推进的决定因素，而作为主体性的贫困农民却受到较大的忽视，贫困农民的自主意识和主体能力难以纳入讨论的中心。事实上，从扶贫政策和扶贫项目的实施过程和效果来看，贫困农民的参与与否、参与程度和参与能力往往成为一项重要的影响因素。而从精准扶贫的实际情况来看，贫困农民参与扶贫政策和项目的意愿严重不强，动力也相当不足。即使是参加与其经济收益紧密相关的产业扶贫、小额信贷和资产收益扶贫等项目时，很多贫困户也根本不清楚这些项目与自身的利益连接点，而只是按照乡村干部的要求办理相关手续而已。

二、精神贫困的原因与根源

1. 外部帮扶措施与贫困人口需求出现错位

在帮扶措施的制定过程中，贫困户的需求表达和公共参与往往不够充分，

帮扶项目和措施基本上都是在基层政府的主导下自上而下制定和实施的,更多的是从基层政府、帮扶干部这一侧出发考虑,而未能精准了解和充分尊重贫困群众自身对挣钱和脱贫的设想和打算,导致群众对帮扶项目、措施消极被动应付,积极性不高。[①] 即使在村庄层面,贫困户的话语权和实际需求也没有得到有效重视,基本上处于被动接受的状态,其有限度的参与往往也是在村干部的动员下的非自主性参与,而且带有明显的形式化和仪式化色彩。这些一方面对帮扶措施的针对性、实效性构成不利影响,另一方面也不利于调动贫困人口的主体性和自主性,激发贫困人口的内生动力。可见,如果不注重与贫困群众的实际需求相对接、协助其解决实际困难和后顾之忧,只是单方面宣传动员,脱贫攻坚就难以与贫困群众形成共鸣,贫困群众的动力就难以有效调动起来。

2. 压力型扶贫体制导致贫困人口的心理失衡

当前倒逼基层的压力型扶贫体制使得部分贫困人口以督查、考核、评估中的贫困发生率、漏评率、错退率和群众满意度等指标为借口,"绑架"基层政府,"威胁"基层干部,争取更多的扶持或不愿意脱贫。同时,为一味追求脱贫成效和突出脱贫政绩,一些地方对贫困村与非贫困村、贫困人口与非贫困人口在扶贫资源配置和使用上做出严格、明确的区分,引发贫困村和非贫困村、贫困户和非贫困户待遇的"悬崖效应"。一方面过多的扶贫资源集中于贫困村和贫困人口,出现资源堆积和损耗,另一方面贫困村和贫困户周边的非贫困村和非贫困户出现心理失衡,甚至导致新一轮的区域发展不平衡、社会矛盾和基层治理危机。

3. 部分贫困群众脱贫致富的主观意愿不强

主要有两种情况。一种情况是,部分贫困群众,特别是在某些民族地区,按照国家扶贫标准,属于贫困村、贫困户,其实,农户之间的家庭条件差不多,而且由于民族习惯和传统等,他们已经习惯当前的生活和状态,不太想改变,也不太在意外面的世界,不太考虑长远,当前吃饱穿暖就行,有房子住就行,

---

[①] 薛刚:《精准扶贫中贫困群众内生动力的作用及其激发对策》,《行政管理改革》2018年第7期。

也不觉得自己物质条件有多么差、多么苦，对于自己当前的生活和状态的满意度较高。另外一种情况是，在一些贫困地区特别是深度贫困地区，贫困群众已经贫困了很多年。他们也曾经有过强烈脱贫意愿，也曾经付出过巨大努力，党委政府也一直在关心和帮扶，但由于自然资源、基础设施等方面的约束，始终未能摆脱贫困状态，甚至祖祖辈辈贫困，从而逐渐丧失了脱贫信心，接受了贫困现实和命运，淡化甚至失去了脱贫意愿。[1]

第二节 扶贫扶志的基本要求

在习近平总书记关于扶贫工作的重要论述中，扶贫扶志是一项非常重要的内容。2018年6月，中共中央、国务院联合发布《关于打赢脱贫攻坚战三年行动的指导意见》，明确要求"坚持扶贫同扶志扶智相结合。正确处理外部帮扶和贫困群众自身努力的关系，强化脱贫光荣导向，更加注重培养贫困群众依靠自力更生实现脱贫致富的意识，更加注重提高贫困地区和贫困人口自我发展能力"。[2]2018年10月，国务院扶贫办联合12个部门出台《关于开展扶贫扶志行动的意见》，从总体要求、目标任务、实际举措、保障措施等层面对进一步加强扶贫扶志行动和激发贫困群众内生动力提出了明确、具体的指导意见。[3]

一、习近平总书记关于扶贫扶志的论述

习近平总书记2012年12月29日在河北省阜平县考察扶贫开发工作时就提出，贫困地区发展要靠内生动力，如果凭空救济出一个新村，简单改变

---

[1] 薛刚：《精准扶贫中贫困群众内生动力的作用及其激发对策》，《行政管理改革》2018年第7期。
[2] 中共中央、国务院《关于打赢脱贫攻坚战三年行动的指导意见》，《人民日报》2018年8月20日。
[3] 《关于开展扶贫扶志行动的意见》，国务院扶贫开发领导小组办公室，http://www.cpad.gov.cn/art/2018/11/19/art_46_91266.html。

村容村貌，内在活力不行，劳动力不能回流，没有经济上的持续来源，这个地方下一步发展还是问题。[①]其后，在2014年中央经济工作会议、2015年中央扶贫开发工作会议、2016年东西部扶贫协作座谈会、十八届中央政治局第三十九次集体学习、2017年深度贫困地区脱贫攻坚座谈会以及2017年中央农村工作会议上都对扶贫与扶志结合作出了深入、系统的阐述。2018年2月12日，在打好精准脱贫攻坚战座谈会上，习近平总书记讲到，坚持群众主体、激发内生动力。脱贫攻坚，群众动力是基础。必须坚持依靠人民群众，充分调动贫困群众积极性、主动性、创造性，坚持扶贫和扶志、扶智相结合，正确处理外部帮扶和贫困群众自身努力关系，培育贫困群众依靠自力更生实现脱贫致富意识，培养贫困群众发展生产和务工经商技能，组织、引导、支持贫困群众用自己辛勤劳动实现脱贫致富，用人民群众的内生动力支撑脱贫攻坚，贫困群众既是脱贫攻坚的对象，更是脱贫致富的主体。要加强扶贫同扶志、扶智相结合，激发贫困群众积极性和主动性，激励和引导他们靠自己的努力改变命运，使脱贫具有可持续的内生动力。[②]

扶贫扶志的提出，很大程度上与精准扶贫精准脱贫实施以来各地出现的一些不良现象和行为有关。党的十八大以来，习近平总书记多次前往贫困地区调研考察，对扶贫扶志方面所存在的问题也深有体会。从习近平总书记关于扶贫扶志的论述中，我们发现目前的突出问题主要有：

一是固守传统的工作方式方法，不注重对帮扶方式和脱贫手段的创新变革，导致政策"养懒汉"和贫困人口的福利依赖。"一些地方虽然瞄准了贫困户但还是老办法老路子，就是简单的给钱给物，在调动贫困群众脱贫积极性、激活内生动力上做得不够，发展方式也没有真正转变。"[③] "一些地方工作还是老办法老路子，简单给钱给物，对群众的思想发动、宣传教育、感情沟通不到位，在调动贫困群众脱贫积极性、激活内生动力上做得不够。"[④]

二是干部与群众在脱贫攻坚中的作用发挥不平衡、不匹配。"现在，一些地方出现了'干部干，群众看'的现象。一些贫困群众等靠要思想严重，'靠

[①][②][③][④] 中共中央党史和文献研究院编：《习近平扶贫论述摘编》，中央文献出版社2018年版。

着墙根晒太阳，等着别人送小康'，认为'扶贫是干部的事，反正干部立了军令状，完不成任务要撤职'。"①

三是一些地方尤其是深度贫困地区长期沿袭的陈规陋习和生活习俗，难以激发内生动力。"还有一种现象就是不在找脱贫门路上动脑筋，却在婚丧嫁娶方面讲排场搞攀比，办一次红白事，花销几万元甚至几十万元，要'随份子'，也要还人情，倒腾几回，钱全花在了场面上。不少家庭不堪重负，有的被迫举家逃离，几年不回村。"②

从问题入手，我们对扶贫扶志这一项现实性很强的主题才能形成更深刻、系统的认识，也才能更科学地做好顶层设计。从习近平总书记关于扶贫扶志的论述中，我们发现其涵义主要有三个层面：

一是贫困人口主体性层面，贫困人口是脱贫致富的主体，贫困人口的内生动力是脱贫攻坚的基础。习近平总书记多次强调，贫困群众既是脱贫攻坚的对象，更是脱贫致富的主体。③同时，从以人民为中心的思想高度阐述了扶贫扶志结合的重要性，指出群众参与是基础，脱贫攻坚必须依靠人民群众，组织和支持贫困群众自力更生，发挥人民群众主动性。④

二是可持续脱贫层面，贫困人口是可持续脱贫的根本，贫困人口的内生动力是可持续脱贫的关键。习近平总书记强调指出，要激发贫困人口内生动力，把扶贫和扶志、扶智结合起来，把救急纾困和内生脱贫结合起来，把发展短平快项目和培育特色产业结合起来，变输血为造血，实现可持续稳固脱贫。⑤要加强扶贫同扶志、扶智相结合，激发贫困群众积极性和主动性，激励和引导他们靠自己的努力改变命运，使脱贫具有可持续的内生动力。⑥

三是脱贫质量层面，扶贫扶志是提高脱贫质量的核心。习近平总书记指出，要端正思想认识，树立正确政绩观，注重扶贫同扶志、扶智相结合，把提高脱贫质量放在首位，把激发贫困人口内生动力、增强发展能力作为根本举措。⑦

---

①②③④⑤⑥⑦ 中共中央党史和文献研究院编：《习近平扶贫论述摘编》，中央文献出版社2018年版。

二、扶贫扶志的基本要求

1. 总体要求

扶贫扶志的总体要求可以概括为"一个指导""两个贯彻""两个坚持""四个注重""六大目标"。

具体而言,"一个指导"是指以习近平新时代中国特色社会主义思想为指导;"两个贯彻"是指全面贯彻党的十九大和十九届二中、三中全会精神,深入贯彻党中央、国务院脱贫攻坚决策部署;"两个坚持"是指坚持精准扶贫精准脱贫基本方略,坚持脱贫攻坚目标和现行扶贫标准;"四个注重"是指更加注重培育贫困群众主体意识,更加注重提高贫困群众脱贫能力,更加注重改进帮扶方式,更加注重营造健康文明新风;"六大目标"是指激发贫困群众立足自身实现脱贫的信心决心,形成有劳才有得、多劳多得的正向激励,树立勤劳致富、脱贫光荣的价值取向和政策导向,凝聚打赢脱贫攻坚战强大精神力量,切实增强贫困群众自我发展能力,确保实现贫困群众持续稳定脱贫。

2. 具体要求

扶贫扶志的具体要求主要是坚持目标标准,保持脱贫攻坚正确方向。具体而言,基于精准扶贫精准脱贫的目标任务以及扶贫扶志领域所存在的突出问题,主要有三个层面:

一是紧紧围绕精准扶贫精准脱贫的目标任务,严格落实"两不愁、三保障"要求,做好教育扶贫、健康扶贫、易地扶贫搬迁、危房改造、饮水安全、保障性扶贫等工作,确保贫困人口不愁吃、不愁穿,保障贫困家庭孩子接受九年义务教育、贫困人口基本医疗需求和基本居住条件。

二是针对精准扶贫精准脱贫政策落实中的方向不准、导向不明、执行偏差等问题,要量力而行,既不降低标准搞数字脱贫,也不擅自拔高标准提不切实际的目标。

三是结合脱贫攻坚工作中出现的苗头性、倾向性问题,开展专项治理,提出具体的解决方案。鉴于目前医疗保障和易地扶贫搬迁两个扶贫领域的问题较突出，提出应对举措，即进一步规范贫困人口医疗保障工作，纠正个别贫困人口医疗保障工作中过度医疗、过高承诺、过度保障等问题。加大易地扶贫搬迁抽查暗访，加强超面积、超标准等问题整改。

第三节　扶贫扶志的实现路径

以基层探索和地方实践为基础，扶贫扶志行动在顶层设计上主要有五项政策指向明确、实施效果良好的方案和路径：一是开展教育培训；二是典型示范引领；三是改进帮扶方式；四是推行文化倡导；五是强化组织带动。

一、开展教育培训

根据《关于打赢脱贫攻坚战三年行动的指导意见》和《关于开展扶贫扶志行动的意见》两个政策文件，开展教育培训主要有两项操作性的举措，即开展扶志教育和加强技能培训。具体而言，在开展扶志教育上有四个层面：一是明确教育内容。扶志教育最关键的是弘扬脱贫致富的优良精神，促进贫困群众摆脱思想贫困和精神贫困，并树立主体意识和主位观念，增强脱贫致富的积极性和主动性。即组织贫困群众认真学习习近平总书记关于扶贫工作的重要论述，加强思想、文化、道德、法律、感恩教育，大力弘扬"脱贫攻坚是干出来的""幸福是奋斗出来的""滴水穿石""弱鸟先飞""自力更生"等精神，帮助贫困群众摆脱思想贫困、树立主体意识。二是开展政策宣讲。政策宣讲也是扶志教育中的一项重要内容。即大力宣传脱贫攻坚目标、现行扶贫标准和政策举措，让贫困群众知晓政策、更好地参与政策落实并获得帮扶。三是创新教育工具和方式。建好用好新时代文明实践中心，运用好农村"大喇叭"、村内宣传栏、微信群、移动客户端和农村远程教育等平台，发挥乡村干部和第一书记、驻村工作队贴近基层、贴近群众优势，组织党员干部、技术人员、致富带头人、脱贫模范等开展讲习，提高扶志教育针对性、及时性、便捷性和有效性。四是注重贫困地区学校教育。在贫困地区中小学校开展好习惯、好行为养成教育,带动学生家长共同转变观念习惯。

在加强技能培训上有两个层面:一是侧重于发展产业和就业需要,开展实用技术和劳动技能培训。围绕贫困群众发展产业和就业需要,组织贫困家庭劳动力开展实用技术和劳动技能培训,确保每一个有培训意愿的贫困人口都能得到有针对性的培训,增强脱贫致富本领。当然,在培训的实施过程中,也要注重培训的灵活性和实效性,强化需求动向和结果导向。采取案例教学、田间地头教学等实战培训,强化信息技术支持指导,实现贫困群众科学生产、增产增收。二是侧重于劳务输出需要,开展与工作岗位相适应的技能培训。组织贫困家庭劳动力参加劳动预备制培训、岗前培训、订单培训和岗位技能提升培训,支持边培训边上岗,突出培训针对性和实用性,将贫困群众培育成为有本领、懂技术、肯实干的劳动者。

二、典型示范引领

《关于开展扶贫扶志行动的意见》要求"加强典型示范",并提出四条具体的工作举措:

一是选树典型,营造氛围。即选树一批立足自身实现脱贫的奋进典型和带动他人共同脱贫的奉献典型,用榜样力量激发贫困群众脱贫信心和斗志,营造比学赶超的浓厚氛围。

二是评选表彰,激励典型,带动群众。即开展全国脱贫攻坚奖评选,组织先进事迹报告会,支持各地开展脱贫攻坚奖评选表彰活动,加大对贫困群众脱贫典型表彰力度。

三是创新形式,宣传典型。即制作扶贫公益广告,宣传榜样力量。

四是综合施策,明确导向。即宣传脱贫致富先进典型,总结推广脱贫致富成功经验,鼓励各地开展脱贫家庭星级评定,发布脱贫光荣榜,用身边人身边事教育引导身边人,让贫困群众学有榜样、干有方向,形成自力更生、脱贫光荣的鲜明导向。

三、改进帮扶方式

《关于开展扶贫扶志行动的意见》主要从四个层面提出了相应的行动方案和实施举措：

一是引导贫困群众发展产业和就业。支持贫困群众发展特色产业，大力开展转移就业，开发扶贫岗位，在有条件的地方建设扶贫车间，确保有劳动力的贫困户至少有一项稳定脱贫项目。加强贫困村致富带头人培育培养，增强新型经营主体带动作用，提高贫困群众发展生产的组织化、规模化、品牌化程度。完善产业扶贫奖补措施，鼓励和支持贫困群众发展产业增收脱贫。采取劳务补助、劳动增收奖励等方式，提倡多劳多得、多劳多奖。

二是加大以工代赈实施力度。大力推广自建、自管、自营等以工代赈方式，通过投工投劳建设美好家园。强化工作指导，督促地方切实组织和动员当地贫困群众参与工程建设，改善贫困乡村生产生活条件。提高劳务报酬发放比例，推动以工代赈回归政策初衷。

三是减少简单发钱发物式帮扶。规范产业扶贫和光伏扶贫，财政资金和村集体资产入股形成的收益主要支持村集体开展扶贫。推广有条件现金转移支付方式，除现行政策明确规定以现金形式发放外，原则上不得无条件发放现金。不得包办代替贫困群众搞生产、搞建设，杜绝"保姆式"扶贫，杜绝政策"养懒汉"。

四是发挥贫困群众主体作用。尊重贫困群众的首创精神和主体地位，鼓励贫困群众与村"两委"签订脱贫承诺书，明确贫困群众脱贫责任。落实贫困群众知情权、选择权、管理权、监督权，引导贫困群众自己选择项目、实施项目、管理项目、验收项目，参与脱贫攻坚项目全过程。推广以表现换积分、以积分换物品的扶贫超市等自助式帮扶做法。鼓励贫困户之间或贫困户与非贫困户之间开展生产生活互助。

四、推行文化倡导

《关于开展扶贫扶志行动的意见》提出以"推进移风易俗"为关键举措，

从提升乡风文明水平、加大贫困地区文化供给、发挥村民治理机制和组织作用、加强不良行为惩戒等层面提出了一系列具有较强操作性的政策措施。

一是从推进农村精神文明建设、开展文明创建活动、奖励良好公共文明行为及家庭和个体行为、开展贫困村人居环境改善以及开展民族团结进步创建活动等层面，提升乡风文明水平。

二是通过创作文艺影视作品、宣讲自主脱贫故事、改善贫困乡村文化体育设施、组织文化下乡活动等，加大贫困地区文化供给。

三是发挥村民治理机制和组织作用。以村规民约为约束，以优良传统为导向，以村民议事会、道德评议会、红白理事会、禁毒禁赌会等自治组织为依托，提高贫困群众在脱贫攻坚中的自我组织和自我管理能力，形成良好乡风和文明生活方式。

四是加强不良行为惩戒。正面激励与负面惩戒也应相向而行。针对脱贫攻坚过程中的不良行为方式、负面现象和问题，可采取开展专项治理、设立红黑榜、深化法治建设、加强诚信监管和法律惩治、取消获得帮扶和社会救助资格等措施。

五、强化组织带动

在贫困乡村的组织体系中，组织带动在扶贫扶志工作上主要体现为基层党组织的引领带动作用。《关于开展扶贫扶志行动的意见》主要从三个层面提出强化基层党组织政治功能和教育引导作用的具体举措：

一是立足于将村级党组织定位为贫困村脱贫出列和贫困户脱贫致富的领头羊和带头人，着力选好配强村级党组织带头人，为脱贫攻坚提供扎实的组织基础和社会基础。实施村党组织带头人整体优化提升行动，加大从本村致富能手、外出务工经商人员、本乡本土大学毕业生、退役军人中培养选拔力度。有针对性地开展大规模轮训工作，村党组织书记每年至少参加1次县级以上集中培训。派强用好第一书记和驻村工作队，严格管理考核，树立鲜明导向，对优秀的第一书记和驻村干部宣传表彰、提拔使用，对不胜任的及时"召回"调整。

二是从发挥村级党组织的组织功能和提升农民群众组织化程度两个维度，

发挥好村级党组织组织群众、宣传群众、凝聚群众、服务群众的作用，提高村级党组织与贫困群众之间的组织联结。着力选准贫困村发展路子，制订好脱贫计划，组织贫困群众参与脱贫项目并实现增收。推动基层党组织加强对村民议事会、村民理事会等各种组织的领导，把农村精神文明建设抓在手上。加强贫困村脱贫致富带头人培育培养，组织和支持党员带头脱贫致富，吸引各类人才到贫困村创新创业。加强对贫困人口、留守儿童和妇女、老年人、残疾人、"五保户"等人群的关爱服务。落实"四议两公开"制度，探索基层民主决策新方式，提高群众的集体意识、参与意识和奉献意识。

三是基于村级集体经济之于贫困乡村脱贫致富和贫困农户可持续生计的基础性与保障性作用，应因地制宜发展壮大村级集体经济，并加强基层党组织在村级集体经济发展中的管理与服务功能。乡镇、村党组织要把党员、群众和各方面力量组织起来，多渠道增加村集体经济收入，切实增强村级党组织凝聚服务群众的能力。财政支农资金投入所形成资产带来的村集体经济收入，优先用于购买公益岗位、村内小型公益事业等贫困户帮扶及保障支出。加强对村集体经济运营、分配和使用等方面的监督管理。

思考题

1. 试论物质扶贫与精神扶贫的关系。
2. 结合本地实际，谈谈如何开展扶贫扶志行动。

扩展阅读书目

1. 中共中央党史和文献研究院编：《习近平扶贫论述摘编》，中央文献出版社2018年版。
2. 中共中央组织部干部教育局、国务院扶贫办政策法规司、国务院扶贫办全国扶贫宣传教育中心编：《新发展理念案例·脱贫攻坚》，党建读物出版社2017年版。

第九讲　贫困村精准扶贫实务

【导　读】精准扶贫是贫困村摆脱贫困的重要战略，有效开展精准扶贫是贫困村打赢脱贫攻坚战的必然选择。在贫困村开展精准扶贫工作，需要掌握精准扶贫在村级层面的基本工作程序及开展群众工作的具体方法，掌握贫困村调研与分析方法，掌握村组层面扶贫方案的选择方法等。本讲主要介绍贫困村精准扶贫的基本工作程序、社区贫困的调研与分析方法以及村组层次扶贫方案的选择，帮助提升扶贫干部对精准扶贫的认知和实务能力，因地制宜地做好贫困村精准扶贫工作。

第一节　精准扶贫的基本工作程序

一、组建精准扶贫工作团队

精准扶贫是一个系统工程，需要专门的工作团队来实施。精准扶贫的工作团队应是以扶贫工作人员为主导的多元化主体参与团队。工作团队由不同领域的人员组成，一般而言，团队成员主要包含以下人员：

（一）县、乡（镇）扶贫办工作人员

扶贫工作人员在乡村扶贫中发挥着主导和引领作用，是扶贫工作的主体责任人。扶贫工作人员熟悉扶贫各项政策，可以很好地实现资源链接，为乡村争取到更多的扶贫资源。

（二）农村经济社会发展专家成员

专家成员是熟悉农村经济社会发展的研究者或实践者，主要负责对村庄的经济社会发展进行把脉，并协助制定村庄长远的经济社会发展规划，对国家和省、市、县的扶贫政策进行解读。

（三）农业技术推广相关人员

结合村庄具体情况邀请农业种植、养殖和生产等领域的技术专员，负责指导村庄的农业生产。

（四）农村文化旅游相关人员

协助村庄进行村庄文化扶贫，主要负责制订古村落旅游发展规划和遗产保护工作，同时结合村庄实际开展文化扶贫。

（五）第一书记与驻村工作队

这些人员作为国家行政力量嵌入贫困村的帮扶主体，在精准扶贫中发挥承上启下的作用，主要体现为协调、沟通多方主体进行扶贫资源的争取、整合。

（六）村支书、村主任等"两委"成员

这些人员是农村精准扶贫的具体负责人和实施者，将其吸纳入工作团队有利于村庄工作的有效开展。

（七）乡村能人和村民代表

乡村能人一般在村庄具有一定的权威，乡村能人的参与更利于村庄发展规划的推进，而村民代表的加入可体现村民自治的民主原则。

二、梳理中央和地方扶贫开发政策

改革开放以来党和国家高度重视扶贫工作，尤其是党的十八大以来，中央有关扶贫的"四梁八柱"的顶层设计日趋完善，各部门及地方政府也配套出台了多种多样的政策文件。有必要首先对国家和所在省、市、县出台的各项扶贫政策进行梳理和分类。

当前中央和地方出台的政策主要有以下几种：①产业扶贫政策：种植业、养殖业、手工业、加工业等。②就业创业扶贫政策：转移就业交通费、公益性岗位补贴和创业担保贷款、创业补贴等。③金融扶贫政策：小额贷款、保

险和扶贫互助协会等。④教育扶贫政策：学前教育资助政策、两免一补、国家助学金等。⑤易地扶贫政策：土地整理、占补平衡和增减挂钩政策等。⑥资产收益扶贫政策。⑦社会保障兜底政策：低保、五保、医疗救助、临时救助等。⑧生态保护带动扶贫：退耕还林、公益林补偿和林下经济等。⑨健康扶贫政策：新农合、医疗救助和大病保险等。⑩基础设施建设项目：以工代赈、一事一议和财政奖补等。⑪精神扶贫政策：促进扶贫同扶志、扶智相结合，激发贫困户内生动力、倡导文明新乡风、传承优秀文化等。⑫其他扶贫政策：除以上领域外，与扶贫有关的政策。

三、运用社区工作方法开展精准扶贫工作

（一）召开乡村一级的准备研讨会制订工作方案

在进入农村社区之前，团队和乡村工作人员必须召开工作前的准备会，制订详细的工作方案和日程表，确保精准扶贫工作能够顺利在农村开展，并取得预期的效果。一般而言，在这一工作阶段应该采用参与式诊断的方式，与农户共同协商制订方案。

（二）通过参与式评估等方法全面了解村庄的基本情况

在这一个阶段，团队和乡村工作人员需要召集农户进行共同讨论，以了解村庄的基本情况、找出村庄存在的问题和村庄的发展潜力。在此过程中，要积极地引导农户，让村民积极参与到关于村庄基本情况的发言和讨论中，讲讲村庄的基本情况，其他人可以互相补充。除了通过参与式评估的方法了解村庄的基本情况之外，团队和乡村工作人员还可以通过实地考察的方式对村庄的基本情况进行全面了解，进一步熟悉村子的地理概貌、农业生产系统、自然资源、存在的问题和发展机会等。

（三）分析研究建档立卡贫困家庭的资源结构和发展意愿

工作团队可以深入贫困农户家中，开展深入访谈，主要了解建档立卡户的资源禀赋，包括建档立卡户的生存环境、经营系统、资源条件和社会资源等现状，并分析建档立卡户未来的发展策略和脱贫路径。同时，详细了解建档立卡户的发展意愿和当前困境，并同他们一起探讨未来的脱贫

路径。

（四）组织社区会议讨论并形成精准扶贫方案

① 召开小组工作会。由小组长根据小组成员的专业背景和参加前期工作的情况，给每个小组成员指定撰写帮扶建议和实施建议书时需要承担的任务。② 各小组成员分头撰写帮扶建议和村庄实施建议。③ 确定精准帮扶措施，形成村庄精准脱贫的项目建议书。

一般而言，精准扶贫方案的内容主要包括：① 村庄的自然条件和生活、生产状况，农户的资源禀赋条件等；② 村庄和建档立卡户的贫困状况分析，以及建档立卡户的脱贫需求分析；③ 精准扶贫发展项目汇总表和村庄发展项目优先排序等；④ 帮扶建议实施过程中可能出现的困难及解决方法。

（五）确认有关的精准扶贫基本方案

精准扶贫基本方案制订出来以后，需要专家团队和乡镇工作人员进一步论证方案的可行性和针对性。在精准扶贫方案付诸实施之前，还需要再次对精准扶贫方案的可行性、物质保障、可能存在的风险等进行前期预判，并提前制定应对策略。

四、村级精准扶贫项目的组织实施和监测评估

当具体的精准扶贫方案、项目得到确认，精准扶贫项目实施计划制订完成后，接下来的主要工作是对扶贫项目进行落实，即建立组织机构实施项目、管理项目、检测和评估项目。项目的组织、管理、实施和监测评估是扶贫项目从文本计划转变为实践并切实发挥扶贫效用的关键步骤，具有十分重要的意义。

（一）精准扶贫项目的组织

建立相关组织机构负责扶贫项目的具体实施事务。由于实施过程会牵涉到很多组织、管理、技术、社会经济等方面工作，还会涉及财务管理、审计等较为严格的工作与程序，因此需要项目的组织方具有高效的管理措施，大胆探索和创新适合当地社会、经济、文化特点的组织结构和工作方法，成功地实施项目，完成项目既定目标。

（二）精准扶贫项目的管理

扶贫项目管理，即用规章制度和其他合理的方法手段，对项目资金、物资、设施、人力等方面进行正确使用、操作的管理过程。扶贫项目管理要遵循中央和地方出台的相关扶贫开发政策文件，在项目管理过程中要明确管理主体，完善管理台账。

（三）精准扶贫项目的监测评估

监测评估是在项目实施后对项目措施的实施情况、项目产出、项目影响进行连续跟踪，对项目实施效果进行阶段性评估和判断的过程。其目的是通过一系列信息和证据的收集来对项目整体实施情况进行观测和判断，以及时发现项目实施过程中出现的偏差，及时作出调整，保障项目实施达到预期目标和效果。按照评估时间点的不同，一般可分为中期评估、年度评估、终期评估等。

第二节 社区贫困的调研与分析方法

一、社区贫困调研的基本方法

农村社区调查是工作团队主导、村民充分参与的调查。调查组成员的一个重要角色就是协助当地群众更好地发挥出自己的潜力去分析、研究他们所面临的各种问题，并最终找出解决问题的思路和办法，制订出切实可行的方案。调研需要结合村庄的实际情况、村民的文化水平、调查团队的成员构成、调查目的等采取一种或多种方法开展。

（一）问卷法

问卷法是调查者运用统一设计的问卷向被选取的调查对象了解情况或征询意见的调查方法，也是当前最常用的社会调查方法之一。研究者将所要研究的问题编制成问题选项，以当面作答的方式填写。

问卷法的运用，关键在于编制问卷、选择设置和结果分析。它具有节省人力、时间和经费，避免主观偏见等优势，但它只能获得书面的社会信息，而不能了解到生动、具体的社会情况，且不适合于文化程度较低群体的调查。

（二）访谈法

访谈法是指调查人员通过有计划地与被调查对象进行口头交谈，以了解有关情况的一种方法。它可以是按照一定程序的问答方式，也可以是漫谈式的问答方式。

1. 结构式访谈：按照统一设计的、有一定结构的调查表或问卷所进行的访谈，其选择的对象、标准、提问方法、问题、顺序和记录方式等都是事先制定好的。

2. 无结构式访谈：不需要预先准备详细的问题，而是首先提出非常一般性的问题，这样使研究者在深究某些问题和更好地了解当地情形时具有较大的灵活性。在访谈中所提的问题必须做到语句精练、通俗易懂；在访谈中不应该使用诱导性、敏感性或答案为"对或错""是或不是"之类的问题；问问题时尽量保持中立，不要带有倾向性；不要强迫或催促访谈对象立即回答。

（三）观察法

观察法是指调查者带着明确的目的，有针对性地用自己的感官和辅助工具去直接了解正在发生、发展和变化着的现象的调查研究方法。是在一种对自然状态下的实际生产生活场景中的观察；观察研究手段主要依靠人的眼睛、耳朵等感觉器官及其延伸物（如照相机、摄影机、录音器等设备），所观察到的主要是被观察对象的外显行为。

观察法可谓是获得社会现实的真实图像的最好方法，没有"先入之见"，真切地感受被观察对象的真实场景。但是，观察法在很大程度上要依赖于观察者的敏感性、领悟能力和解释技巧，需要提高其可信度和可靠性。

二、农村评估资料的证实、组织与分析

在完成调查后，需要对调查的资料进行及时处理，使这些资料可靠、全面、系统和有意义，这一处理过程包括资料的证实、资料的组织和资料的分析三

个部分。

（一）资料的证实

证实资料的目的是检验资料的可靠程度。在调查中由于调查人员时间紧、调查工具不适应、被调查人不愿推心置腹、收集理解记录过程中的信息损耗等原因，调查得到的资料可能不全面、不正确，所以调查完（甚至在调查过程中）要对资料进行证实。三角检验法（交叉检验法）是农村贫困调查中常用的一种资料证实方法。第一，对同一调查在不同的小组成员之间进行交叉检验；第二，对同一问题利用不同的调查方法进行检验；第三，对同一问题利用不同的被调查对象进行检验。资料证实的结果并不是简单的对或错，它有多种可能性，取决于是哪一类的问题。要特别注意避免把正常的差异当成矛盾，如在许多问题上男人与女人之间、穷人与富人之间、领导与群众之间的观点就应该有差别，通过三角检验也有助于揭示这种差别。

（二）资料的组织

资料的组织就是把零散的、无序的资料进行系统整理。比如对森林资源管理问题，调查中各个小组对这个问题都会涉及，但涉及的角度可能不一样，农户访谈可能得到的是关于森林管理方面的信息，直接观察得到的是关于森林相方面的信息，小组会议中谈论较多的是木材市场的问题，把这些问题联系起来进行比较和综合就是资料的组织。简单的资料组织包括空间性的资料组织、时序性的资料组织、流程性的资料组织、结构性的资料组织、多样性的资料组织等。当一项调查涉及不同村子时，要充分说明这些村庄的特点，同样在一个村子里调查不同农户时，也要充分说明这些被调查农户的特点，这些特点的存在可以使调查更有代表性，使调查资料更有意义，这些特点可以用一张矩阵表表示。

（三）资料的分析

资料分析的目的是针对某一个主题，根据已掌握的资料，列举、筛选并确认有关该主题的问题、机遇、解决问题的策略、可能采取的干预措施等。最核心的是要发现问题，根据预设的主题，通过列举的办法写出所有存在的问题，要注意问题的层次。一般而言，一个具体项目的战略是一种平衡的产物，它结合考虑了当地的需求、项目的出发点和项目的干预能力，最终采取的策略是"需做什么""该做什么"和"能做什么"的结合点。

（四）资料的反馈

农村社区调查报告完成前，应该把调查的主要结论向村民、地方干部和技术人员做一个反馈，听取他们对调查结果的看法和意见。这一步是非常重要的，有时在这个阶段会有意想不到的收获。资料的反馈要做到以下几点：选择公开的场合，如村民大会；使用可视性的方式；少说、多听；对村民的协助表示感谢，并征求他们对报告处理方式的意见。

三、农村贫困现状的分析框架

在这里主要总结归纳选取了常用的几种关于农村贫困分析的框架，可依据贫困村的具体情况，选择一种或多种加以分析和实际运用。

（一）可持续生计分析框架

可持续性生计分析始于20世纪90年代初期，是世界各地非政府组织、发展工作者及学界总结多年经验后，在参与式工作理念的基础上开发出的理论框架。它强调从对象人群日常生产生活的角度来理解生计问题，并寻找适合本地情况、用好本地资源、符合当地人意愿的解决方法。目前，使用较多的可持续生计分析框架主要由联合国开发计划署、英国国际发展部形成。其中英国国际发展部提出的可持续分析框架得到最为广泛的应用。此框架具有以下特征：即可持续生计是建立在微观个体基础之上的研究，是在一定的历史时空环境下进行的，是以人为中心动态的研究，是从能力分析出发，而非需求或供给出发的分析，是包括了经济、社会、制度等方面的多维度的分析研究。该框架由5个部分组成，即脆弱性环境/背景、生计资本、组织结构和制度程序、生计策略、生计结果。

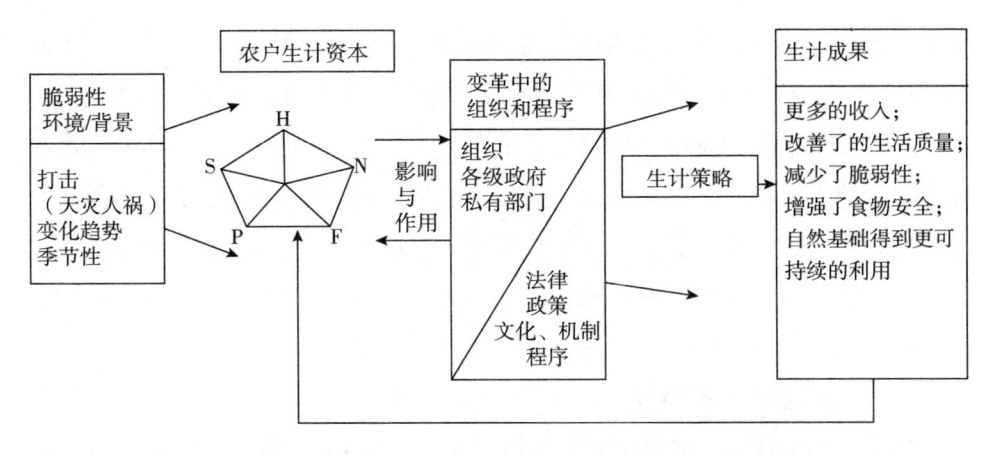

注：H：人力资本；S：社会资本；N：自然资本；P：物质资本；F：资金资本。

图 9-1　DFID 可持续生计分析框架

（二）可行能力分析框架

"可行能力"这一概念是由 1998 年诺贝尔经济学奖获得者，著名经济学家阿马蒂亚·森提出的。即一个人的可行能力是指此人有可能实现的、各种可能的功能性活动组合。可行能力由此是一种自由，是实现各种可能的功能性活动组合的实质自由。而所谓功能性活动，可以包括吃、穿、住、行、读书、看电视、社会参与（投票选举、在公共媒体上发表言论观点、上教堂做礼拜）等。把这些活动列成一个清单，一个人的可行能力，就是对于此人是可行的、列入清单的所有活动的各种组合。[①]

"贫困是对基本的可行能力的剥夺，而不仅仅是收入低下。"阿马蒂亚·森从三个方面进行了论述。其一，贫困可以用可行能力的被剥夺来合理地识别。可行能力视角关注的是实质自由的剥夺，实质自由自身就是目的，就是价值目标。而收入低下只具有工具性意义。所以，可行能力视角与收入低下标准相比较，更具合理性。其二，收入对于产生人的可行能力具有工具性意义，但它不是产生人的可行能力的唯一工具，还有其他一些因素也会影响可行能力的被剥夺。所以，收入低下标准具有明显的狭隘性缺陷。其三，低收入可

---

① ［印］阿马蒂亚·森：《以自由看待发展》，中国人民大学出版社 2002 年版。

以造成低可行能力，而低收入与低可行能力之间的这种工具性联系，在不同的地方，甚至不同的家庭和不同的个人之间，是可变的。就是说，收入对可行能力的影响是随境况而异的，是有条件的。所以，收入低下标准是不准确的。①可行能力分析框架对贫困研究所做出的贡献在于，它把注意力从手段（并且是经常受到排他性注意的一种特定手段，即收入），转向人们有理由追求的目的，并相应地转向可以使目的得以实现的自由，为这一基本拓展增添洞见提供了说明。②

（三）脆弱性分析框架

脆弱性分析最早运用于灾害学之中。20 世纪 80 年代初，Robert Chambers 提出了脆弱性的"外部—内部"分析框架。其中，外部因素是指一个人可能遇到的风险、冲击和压力等；内部因素是指没有防御能力，即缺乏应对外部因素带来损失的能力和机制。③

世界银行的定义，脆弱性是指个人或家庭面临某些风险的可能，并且由于遭遇风险而导致财富损失或生活质量下降到某一社会公认的水平之下的可能，脆弱性高是贫困的特征之一。④从这一定义可以看出，脆弱性包含两个方面的内容，即受到的风险和抵御冲击的能力，一般来说，当受到的风险相同时，抵御能力强的脆弱性低，抵御能力弱的脆弱性高。⑤世界粮食计划署1995年推出关于贫困人口脆弱性的分析框架，指出贫困人口的脆弱性受三个方面因素的影响：①风险因素，即面临食物不足的风险，风险越高，脆弱性越高；②抵御风险的能力，即能力越强，脆弱性越低；③社会服务体系，它反映某一地区的社会发展水平，地区社会发展水平越高，越有利于贫困人口抵御各

---

① 刘晓靖：《阿马蒂亚·森以"权利"和"可行能力"看待贫困思想论析》，《郑州大学学报（哲学社会科学版）》2011年第1期。

② ［印］阿马蒂亚·森著：《以自由看待发展》，中国人民大学出版社2002年版。

③ 李小云、董强、饶小龙、赵丽霞：《农户脆弱性分析方法及其本土化应用》，《中国农村经济》2007年第4期。

④ 世界银行：《2000/2001年世界发展报告——与贫苦作斗争》，中国财政经济出版社2001年版。

⑤ 韩峥：《脆弱性与农村贫困》，《农业经济问题》2004年第10期。

种风险。三者综合起来，则能较为全面地反映出研究对象的脆弱性。① 从脆弱性的角度考察贫困有助于深刻分析贫困的历史成因以及今后的发展变化趋势，即能够动态地考察贫困问题，做出前瞻性的政策建议。

（四）以权利为基础的发展框架

以权利为基础的发展框架将权利和发展紧密结合起来，权利是发展的基础，发展是权利进一步实现的途径。以权利为基础的发展包括下列要素：① 权利：包括公民权、文化权、经济权、政治权和社会权利；② 责任：权力所有者的表达和责任承担者的回应；③ 赋权：以人为中心，让人们具有能够改变自己生活、促进社区发展的权利、能力和机会；④ 参与：社区、公民社会、少数民族、妇女、土著和其他群体的"积极、自由有目的"地参与；⑤ 非歧视和关注弱势群体。

以权利为基础的发展项目还要具有下列特征和条件：① 人们必须认知到自己是发展的主体，而不单纯是商品和服务的接受者；② 参与不仅仅是手段，同时也是目标；③ 发展战略有赋权的特征；④ 各种分析要包括不同的相关者；⑤ 项目要关注边缘化的弱势群体；⑥ 发展过程是内生的；⑦ 项目目的是有利于减少社会不公平；⑧ 同时使用自上而下和自下而上的方法；⑨ 用形势分析法分析问题出现的原因；⑩ 要制定可测量的目标；⑪ 其战略合作伙伴是可发展的并且也是可持续的；⑫ 项目支持所有的相关者的责任。②

第三节 村级精准扶贫方案的选择

村级精准扶贫的实施需要结合贫困村的实际情况认真研判，在"五个一批"的基础上，拓展思路、创新方式方法，寻求适合本村精准扶贫精准脱贫的扶贫方案。总体来看，比较成熟的村级精准扶贫方案包括以下几种。

---

① 韩峥：《广西西部十县农村脆弱性分析及对策建议》，《农业经济》2002 年第 5 期。
② 李小云、左停、唐丽霞：《中国自然保护区共管指南》，中国农业出版社 2009 年版。

一、村级精准扶贫的备选方案

（一）农业产业扶贫

农业产业扶贫是指通过发展多样化农业产业来实现贫困人口多渠道增收的扶贫方式，对实现可持续稳固脱贫具有重要意义。

1. 庭院经济。庭院经济是农户在庭院内外进行种植、养殖、加工等生产经营活动，以家庭内部成员为主要劳动力获取经济收入的一种农业经营形式。庭院经济在易地扶贫搬迁工作和新村规划建设中，尤其是在无土安置的社区中能发挥重要作用。可以兴办"小种植、小果木、小畜牧、小水产、小加工"为特色的庭院经济，形成"村村有特色产业，户户有致富项目"的格局。

2. 设施农业。设施农业是采用具有特定结构和性能的设施、工程技术和管理技术，改善或创造局部环境，为种植业、养殖业及其产品的储藏保鲜等提供相对可控制的最适宜温度、湿度、光照度等环境条件，以期充分利用土壤、气候和生物潜力，在一定程度上降低对自然环境的依赖度而进行有效生产的农业。[①] 从设施农业发展现状来看，利用较多的有大棚、温室设施、节水灌溉设施、禽畜设施等。

3. 农产品加工业。农产品加工业是以人工生产的农业物料和野生动植物资源为原料进行工业生产活动的总和。农产品加工业尤其适用于特色农产品资源优势明显、区域优势明显的贫困地区。农产品加工业能够大大提高农产品附加值及竞争力，提高贫困农户的收入水平，延长农业产业链条，从而能够增加更多的就业机会，提高从业人员的劳动技能素质，增强其发展能力。

（二）农村金融扶贫

金融扶贫是指通过信贷、保险等形式，重点满足贫困地区、贫困人口的生产型金融需求，推动"造血"式扶贫模式的发展，以缓解长期困扰农户的资金投入问题，从而提升贫困人口的自我发展能力。

1. 扶贫小额信贷。2014年出台的《关于创新发展扶贫小额信贷的指导意

---

① 高峰、俞立、卢尚琼等：《国外设施农业的现状及发展趋势》，《浙江林学院学报》2009年第2期。

见》为建档立卡贫困人口量身定制一款信贷产品，其特点是"5万元以下、3年期以内、免抵押免担保、基准利率放贷、扶贫资金贴息、县级建立风险补偿金"。这一模式广泛地运用于我国农村扶贫的项目之中，其对缓解和消除农村贫困、贫困户产业发展、完善农村金融体系以及提高小额信贷扶贫资金的使用效率都发挥了积极的作用。

2. 扶贫贴息贷款。扶贫贴息贷款是指贫困农户从商业银行获得贷款的利息由政府有关机构或民间组织全额或部分负担，贫困户只需要按照协议归还本金或少部分利息。当所在农村社区贫困农户缺乏自有资金并且不能通过正常渠道从金融机构获得贷款，同时，贫困农户不能承担正常贷款利率时可以考虑使用。扶贫贴息贷款在实施过程中通过支持贫困户发展，实现扶贫资金由"输血"向"造血"功能的转变，有效解决近年来我国扶贫贷款投放总量不足的现象。

3. 政银保贷款。"政银保"是一种由政府、银行和保险公司合作实施的农业贷款模式，即"政府担保＋银行信贷＋贷款保险"的运作模式。政府财政投入资金做担保和利息补贴，银行为符合贷款条件的担保对象提供贷款，保险公司对贷款本金提供保证保险。当所在农村社区贫困农户普遍缺乏金融机构可接受的抵押担保品，获得信贷满足的条件不足，信贷资金的偿还仅仅是基于自我道德和信用约束，金融机构管理和控制贷款风险困难，且成本巨大时，建议考虑运用。

4. 扶贫互助资金。扶贫互助资金是指以财政扶贫资金为引导，村民自愿按一定比例缴纳的互助金为依托和无任何附加条件的社会捐赠资金为补充，在贫困村建立的民有、民用、民管、民享周转使用的生产发展资金。适用于金融结构单一化、金融市场日益垄断化的社区。互助资金社（协会）具有门槛较低、手续简易、贷款周期较短、贷款额度较低等特征，从而促使贫困农户的有效资金需求能够及时得到满足，解决了家庭发展产业等个性需要。

（三）就业创业扶贫

就业创业扶贫就是以职业介绍、职业指导、就业援助、就业培训、创业服务为关键措施，充分发挥基层公共就业服务平台作用，为贫困户实施人职匹配的精准就业帮扶，适用于有劳动能力和劳动意愿的贫困对象。

1. 劳务输出。劳务输出是劳动力空间流动的一种形式，是依法从事某种有报酬或劳动收入的社会活动，通过各种渠道自谋职业、自主发展的自发性行为。该方式适用于健康的青壮年劳动力富足地区，尤其是对于劳动力富裕的贫困地区（边远山区和灾区）可以考虑劳务输出减少贫困。

2. 家门口就业。劳动者在距自己的家乡不远的地区工作，进而获得报酬或者经营性收入，如扶贫车间、社区工厂就业。家门口就业需求主要凸显于就业机会欠缺、有大量留守人口和劳动意愿而就业困难的地区。家门口就业能够避免因外出务工而产生的交通、住宿等费用，降低贫困人口的发展成本，可以解决农村剩余劳动力以及弱势群体的就业问题等。

3. 返乡创业。积累了一定的资金、技术和经验的农民工、致力于返乡创业的高校毕业生、复员军人等人员返乡创业，同时带动贫困户发展、就业。通过返乡创业，可以为当地区贫困户提供更多的就近就地就业岗位，解决贫困户的就业难、收入薄等问题。

4. 公益性岗位就业。以实现公共利益和安置就业困难人员为主要目的，主要由政府出资扶持或社会筹集资金，由政府设置的符合公共利益的管理和服务类岗位，安排贫困户就业。而农村公益性岗位是对通过市场渠道确实无法实现就业的农村就业困难人员进行的过渡性安置，具体包括农村孤寡老人和留守儿童看护、社会治安协管、乡村道路维护、保洁保绿、社保协管、生态防护员等工作岗位。

（四）资产收益扶贫

资产收益扶贫模式是指通过将村集体或贫困户个体的各种资源要素转化为资产或将国家拨给的扶贫财政资金转化为贫困人口的资产，以入股形式整合到某种产业平台，以此扩展贫困人口的收益空间，借助平台力量实现贫困人口脱贫致富的方法。这种扶贫方式的典型表现是"资源变资产、资金变股金、农民变股东"，通过盘活集体资源、入股或参股、量化资产收益等渠道增加集体经济收入。资产式扶贫方式适于帮助在市场经济活动中缺乏就业渠道和就业能力的贫困人口,尤其适于地处恶劣自然条件或普遍缺乏劳动力而无法通过发展产业、转移劳动力等常规扶贫方法减贫的地区。此外,资产式扶贫方式要求村庄或村民具有可供开发或利用的自然资源,如土地、林地等。

资产收益扶贫,能够将财政扶贫资金、承包土地经营权和农民个体资产、农村集体资产等量化为贫困户的股份,使贫困户享受股金分红、增加就业、管理与技术指导等多种收益;同时资产扶贫以股权为纽带,实现人人参与、人人享有的目标。此外,资产收益扶贫能将农户和集体拥有的土地、房屋、水面、荒山、林木、草地、机械设备等资源和资产量化成股份后入股到合作社、企业等主体发展生产经营活动,有利于激活农村资源要素,增强集体经济实力。

(五)教育扶贫

教育扶贫是切断贫困的代际传递、促进贫困地区人力资源发展的最有效的方式。根据教育扶贫政策面向的主体不同,我们可以将教育扶贫政策分为面向学生、面向教师和面向学校的教育扶贫。

1. 面向学生的教育扶贫。完全或主要以学生为对象的扶贫工作,以及相应的扶贫政策。该项扶贫包含了从学前教育至高等教育的所有的贫困学生,是教育扶贫中的主要内容。学生扶贫的形式包括了资金支持、物质支持以及机会支持等形式。根据家庭是否为贫困家庭,以及该家庭中的适学者所处的教育阶段不同,运用相应的学生教育扶贫政策。

2. 面向教师的教育扶贫。完全或主要以教师为对象的扶贫工作,以及相应的扶贫政策。义务教育阶段的教师扶贫主要面向乡村教师,而高等教育阶段则主要面向少数民族聚居地区。就乡村教师扶贫来看,扶贫的形式包括引导优秀教师流入乡村学校、提高既有教师队伍职业素养、保障教师基本生活、健全激励机制等。

3. 面向学校的教育扶贫。完全或主要以学校为对象的扶贫工作,以及相应的扶贫政策。由于学校与教师在很大程度上是共生共存的,许多教育扶贫的政策中会同时面向教师和学校。学校扶贫的主要形式包括新建校舍以及更新、完善既有的办学设施,开展学校之间的教学、办学的对口支援与结对帮扶等。

（六）社会保障兜底扶贫

社会保障兜底以社会保险、社会救助、社会福利制度为主体，以社会帮扶、社工助力为辅助的综合保障体系，为完全丧失劳动能力和部分丧失劳动能力且无法依靠产业就业帮扶脱贫的贫困人口提供兜底保障。

1. 低保救助制度。国家对共同生活的家庭成员人均收入低于当地最低生活保障标准，且符合当地最低生活保障家庭财产状况规定的家庭，给予最低生活保障。扶贫中将完全丧失劳动能力和部分丧失劳动能力且无法依靠产业就业帮扶脱贫的贫困人口纳入低保范围。

2. 特困人员供养制度。特困人员在农村主要指五保户。《社会救助暂行办法》中规定，国家对无劳动能力、无生活来源且无法定赡养、抚养、扶养义务人，或者其法定赡养、抚养、扶养义务人无赡养、抚养、扶养能力的老年人、残疾人以及未满16周岁的未成年人，给予特困人员供养。特困人员可以在当地的供养服务机构集中供养，也可以在家分散供养。

3. 医疗救助制度。国家和社会针对那些因为贫困而没有经济能力进行治病的公民实施专门的帮助和支持。最低生活保障家庭成员、特困供养人员及县级以上人民政府规定的其他特殊困难人员可以申请医疗救助。主要是对救助对象参加居民医保或新农合的个人缴费部分给予补贴，对救助对象经基本医保、大病医保和其他补充医保支付后，个人及其家庭难以承担的符合规定的基本医疗自负费用的给予补助。

4. 临时救助。国家对因火灾、交通事故等意外事件，家庭成员突发重大疾病等，导致基本生活暂时出现严重困难的家庭，或因生活必需支出突然增加超出家庭承受能力，导致基本生活暂时出现严重困难的最低生活保障家庭，以及遭遇其他特殊困难的家庭，给予临时性救助，达到及时"解困"的作用。

（七）危房改造与易地扶贫搬迁

根据"两不愁、三保障"的要求，为了解决农村困难群众的基本居住安全问题，改善农村人居环境，国家实施了农村危房改造和易地扶贫搬迁政策。

1. 农村危房改造。农村危房改造是为解决住房最危险、经济最困难农户的最基本住房安全而实施的一项民生工程。危房是指依据《农村危险房屋鉴定技术导则（试行）》鉴定属于整栋危房（D级）或局部危险（C级）的房屋。危房改造必须满足"一户一宅"的要求，有原址重建、修缮加固和集中改造三种方式，按照农户自愿申请、村民会议或村民代表会议民主评议、乡（镇）审核、县级审批等补助对象的认定程序，最终县级政府与经批准的危房改造农户签订合同或协议。

2. 易地扶贫搬迁。主要针对"一方水土养不起一方人"的地区。《关于打赢脱贫攻坚战的决定》中指出，对居住在生存条件恶劣、生态环境脆弱、自然灾害频发等地区的农村贫困人口，加快实施易地扶贫搬迁工程。坚持群众自愿、积极稳妥的原则，因地制宜选择搬迁安置方式，合理确定住房建设标准，完善搬迁后续扶持政策，确保搬迁对象有业可就、稳定脱贫，做到搬得出、稳得住、能致富。

（八）生态保护扶贫

《关于打赢脱贫攻坚战的决定》指出，国家实施的退耕还林还草、天然林保护、防护林建设、石漠化治理、防沙治沙、湿地保护与修复、坡耕地综合整治、退牧还草、水生态治理等重大生态工程，在项目和资金安排上进一步向贫困地区倾斜，提高贫困人口参与度和受益水平。加大贫困地区生态保护修复力度，增加重点生态功能区转移支付。结合建立国家公园体制，创新生态资金使用方式，利用生态补偿和生态保护工程资金使当地有劳动能力的部分贫困人口转为护林员等生态保护人员。合理调整贫困地区基本农田保有指标，加大贫困地区新一轮退耕还林还草力度。开展贫困地区生态综合补偿试点，健全公益林补偿标准动态调整机制，完善草原生态保护补助奖励政策，推动地区间建立横向生态补偿制度。

生态补偿扶贫的对象主要为根据中央扶贫标准、地方扶贫标准识别认定的农村贫困家庭和贫困人口。近年来，各相关地区和部门有序推进生态保护补偿机制建设，加大对生态扶贫公益性岗位的开发力度。国务院印发的《关于健全生态保护补偿机制的意见》中提出，到2020年，实现森林、草原、湿地、荒漠、海洋、水流、耕地等重点领域和禁止开发区域、重点生态功能区等重要区域生态保护补偿全覆盖，补偿水平与经济社会发展状况相适应，跨地区、跨流域补偿试点示范取得明显进展，多元化补偿机制初步建立，基本建立符合我国国情的生态保护补偿制度体系，促进形成绿色生产方式和生活方式。

（九）健康扶贫工程

为打赢脱贫攻坚战，国家卫健委与扶贫办等15部委联合发布了《关于实施健康扶贫工程的指导意见》，其目的是到2020年贫困地区人人享有基本医疗卫生服务。农村贫困人口大病得到及时有效救治保障；个人就医费用负担大幅减轻；贫困地区重大传染病和地方病得到有效控制，基本公共卫生指标接近全国平均水平；人均预期寿命进一步提高；孕产妇死亡率、婴儿死亡率、传染病发病率显著下降；连片特困地区县和国家扶贫开发工作重点县至少有一所医院（含中医院）达到二级医疗机构服务水平，服务条件明显改善，服务能力和可及性显著提升；区域间医疗卫生资源配置和人民健康水平差距进一步缩小，因病致贫、因病返贫问题得到有效解决。

《"十三五"卫生与健康规划》中也指出：要实施健康扶贫工程。保障贫困人口享有基本医疗卫生服务，努力防止因病致贫、因病返贫。对符合条件的贫困人口参加城乡居民基本医疗保险个人缴费部分按规定由财政给予补贴。新型农村合作医疗和大病保险制度对贫困人口实行政策倾斜，门诊统筹率先覆盖所有贫困地区。将贫困人口按规定纳入重特大疾病医疗救助范围。对患大病和慢性病的农村贫困人口进行分类救治。建立贫困人口健康卡。明显改善贫困地区医疗服务能力。实施军地三级医院与集中连片特困地区县和国家扶贫开发工作重点县县级医院稳定持续的一对一帮扶，深入推进二级以上医疗机构对口帮扶贫困县乡镇卫生院。积极促进远程医疗服务向贫困地区延伸。

《关于印发健康扶贫工程"三个一批"行动计划的通知》指出，2017年至2020年，对核实核准的患有大病和长期慢性病的农村贫困人口，根据患病情况，实施分类分批救治，确保健康扶贫落实到人、精准到病，有效解决因病致贫、因病返贫问题。主要有三大行动措施：（1）大病集中救治一批，开展农村贫困家庭大病专项救治，按照"三定两加强"原则，对患有大病的农村贫困人口实行集中救治；（2）慢病签约服务管理一批，开展慢病患者健康管理，对患有慢性疾病的农村贫困人口实行签约健康管理;(3)重病兜底保障一批,提高医疗保障水平,切实减轻农村贫困人口医疗费用负担,有效防止因病致贫、因病返贫。

(十)基础设施建设助贫

《关于打赢脱贫攻坚战的决定》和《关于打赢脱贫攻坚战三年行动的指导意见》指出,要加强贫困地区基础设施建设,补齐短板,加快破除发展瓶颈制约。

1. 乡村基础设施建设。在贫困地区加快建成外通内联、通村畅乡、客车到村、安全便捷的交通运输网络;加快实施贫困地区农村饮水安全巩固提升工程,落实工程建设和管护责任,强化水源地环境保护和水质保障,因地制宜加强供水工程建设与改造,提高农村集中供水率、自来水普及率、供水保证率和水质达标率,到2020年全面解决贫困人口饮水安全问题;实施贫困地区农网改造升级,加强电力基础设施建设,建立贫困地区电力普遍服务监测评价体系,引导电网企业做好贫困地区农村电力建设管理和供电服务,到2020年实现大电网延伸覆盖至全部县城;深入实施网络扶贫行动,统筹推进网络覆盖、农村电商、网络扶智、信息服务、网络公益五大工程向纵深发展,创新"互联网+"扶贫模式。

2. 农村人居环境整治。开展贫困地区农村人居环境整治三年行动,因地制宜确定贫困地区村庄人居环境整治目标,重点推进农村生活垃圾污染治理、卫生厕所改造。开展贫困地区农村生活垃圾污染治理专项行动,有条件的地方探索建立村庄保洁制度。因地制宜普及不同类型的卫生厕所,同步开展厕所粪污治理。有条件的地方逐步开展生活污水处理。加快推进通村组道路建设,基本解决村内道路泥泞、村民出行不便等问题。

(十一)精神扶贫

在当前的扶贫过程中,传统式的扶贫主要以满足贫困人口的物质需求为导向,而精神扶贫是在满足贫困人口物质需求的基础上以兼顾贫困人口精神和心理多方面的发展。精神扶贫注重对于贫困人口思想观念的转变、自信心的建立,促进贫困人口的全面发展。

《关于打赢脱贫攻坚战的决定》指出，要大力营造良好氛围，为脱贫攻坚提供强大精神动力，加强贫困地区乡风文明建设等。党的十九大报告提出，坚持大扶贫格局，注重扶贫同扶志、扶智相结合。《关于打赢脱贫攻坚战三年行动的指导意见》指出，要加强教育引导，开展扶志教育活动，创办脱贫攻坚"农民夜校""讲习所"等，加强思想、文化、道德、法律、感恩教育，弘扬自尊、自爱、自强精神，防止政策养懒汉、助长不劳而获和"等、靠、要"等不良习气，大力开展移风易俗活动，引导贫困村修订完善村规民约，发挥村民议事会、道德评议会、红白理事会、禁毒禁赌会等群众组织作用，坚持自治、法治、德治相结合，教育引导贫困群众弘扬传统美德、树立文明新风等。

二、村级精准扶贫方案的选择原则

村级精准扶贫的方案囊括了精准扶贫的各项措施，对情况不同的贫困村而言，其可能选择的扶贫方案包括其中的某些种类，如何精准地选择扶贫方案，关系到精准扶贫的成败。总体而言，村级精准扶贫方案的选择要把握以下几个原则。

（一）根据贫困对象选择方案

精准扶贫要在精准识别和分析贫困对象的基础上实施，因而在选择精准扶贫方案时首先要考虑贫困对象的因素。要以贫困对象作为扶贫方案的选择标准，根据贫困对象的特点选择合适的扶贫方案。一是考虑扶贫对象自身的生理条件。对于具备劳动能力的贫困对象可选择发展性的扶贫方案，如通过就业创业等改善贫困状况，对于不具备劳动能力的贫困对象可选择保障性的扶贫方案，通过社会保障兜底来解决贫困问题。二是考虑扶贫对象的资源禀赋。对于具备一定资源禀赋的贫困对象要尽可能选择有利于促进自我能力提升的方案。三是考虑扶贫对象的主观意愿。对于一些主观发展意愿不强的贫困户，既要考虑保障性方案，也要考虑提升其内生动力。总之，在扶贫方案的选择中要以贫困对象为中心。

（二）因地制宜选择方案

习近平总书记多次强调，贫困地区的发展要因地制宜，选择适合贫困地区的发展项目。在村级精准扶贫的方案选择中也要把握因地制宜的原则。一是要根据贫困村的自然条件选择扶贫方案,连片特困地区的精准扶贫,要更多考虑对恶劣自然环境的改善,可选择改善基础设施、易地搬迁扶贫、生态扶贫等方式,对于自然条件较好的贫困村,则可以考虑以产业发展、就业创业等方式改善贫困。二是要根据贫困村的自然资源选择扶贫方案,对于一些具有丰富自然资源的贫困村,要考虑如何把地方资源与扶贫开发相结合,开展旅游扶贫、发展地方特色产业等。

(三)因扶贫资源选择方案

"好钢用在刀刃上"是村级精准扶贫方案选择的重要参考。在扶贫开发领域,一直以来存在着资源的有限性和需求的无限性之间的矛盾,虽然从中央到地方层面的扶贫开发投入在逐年增长,但是扶贫资源仍然具有稀缺性。村级扶贫方案的选择要充分考虑扶贫资源的总量和效益,既要考虑在实施村级精准扶贫方案时可使用的资源总量,也要考虑哪些投入能够产生最大的效益。一是要对接贫困村精准扶贫的迫切需要,优先选择最需要解决问题的方案,按部就班,逐步解决贫困村的系列问题。二是要优先选择规定性方案,中央和地方层面出台的各种政策必须落实的方案要优先执行。三是要优先选择效益高的方案,要考虑有限的资源能够最大限度地带动贫困人口脱贫的方案。

思考题

1. 简述贫困村精准扶贫的基本程序。
2. 简述社区贫困调研的基本方法。
3. 简述贫困村精准扶贫方案的选择。

扩展阅读

1. 王宏甲:《塘约道路》,人民出版社2016年版。
2. 李小云:《参与式发展概论》,中国农业大学出版社2001年版。

第十讲 县域脱贫攻坚——兰考的实践

【导 读】县域是脱贫攻坚的"一线战场",打好县域脱贫攻坚战对赢得全面建成小康社会背景下的脱贫攻坚战具有基础性和支撑性的意义。兰考成功实现脱贫"摘帽"的经验,为县域脱贫攻坚提供了有效样本。本讲基于兰考经验,探讨县域脱贫攻坚的几个关键问题,重点是依据兰考成功实现脱贫"摘帽"案例,介绍县域脱贫攻坚的认识体系、思路与方法、政策体系以及治理体系等几个方面的问题。

"郡县治、天下安。"习近平总书记指出,县域治理最大的特点是既"接天线"又"接地气"。对上,要贯彻党的路线方针政策,落实中央和省市的工作部署;对下,要领导乡镇、社区,促进发展、服务民生。基础不牢,地动山摇。县一级工作做好了,党和国家全局工作就有了坚实基础。在脱贫攻坚领域,以县为单元的贫困治理是中国扶贫开发过程中始终坚持的重要做法和经验。1986年,中国政府组建了专门的扶贫开发工作机构——国务院贫困地区经济开发领导小组(国务院扶贫开发领导小组的前身),开启了政府主导的开发式扶贫事业。为保障各项财政、政策、资源投向精准,1986年国务院贫困地区经济发展领导小组按照相关标准,在全国范围内识别出386个贫困县。此后,根据各时期扶贫开发形势的变化,先后三次调整了国家扶贫开发工作重点县的名单。各省区市亦参照中央办法,在省区市内识别省级扶贫开发工作重点县。2011年,《中国农村扶贫开发规划纲要(2011—2020年)》颁布实施,为配合纲要实施,经过严格的认定标准和程序,国务院扶贫开发领导小组公布了新一轮国家扶贫开发工作重点县和集中连片特困地区县,前者592个,后者680

个,剔除重合部分,两者合计832个县,构成了新时期国家扶贫开发工作的重点。

　　实践表明,县为基本单元的扶贫开发,在中国国家贫困治理体系中占据着非常重要的地位,发挥着重要的作用。一方面,实现贫困县脱贫摘帽是打赢脱贫攻坚战的总体目标之一,补齐县域各项短板,增强其发展内生动能,是全面建成小康社会背景下脱贫攻坚战赢得胜利的重要效标。另一方面,在"中央统筹、省负总责、市县抓落实"的扶贫开发管理体制中,县一级处在中国国家行政体系的末梢,直接面对贫困村和贫困农户开展工作,负责将国家层面的决策部署结合地方实际,有序贯彻、统筹推进。毫无疑问,县域是脱贫攻坚的"一线战场",县一级需要结合国家脱贫攻坚的总体部署和县域扶贫开发工作实际,合理安排工作进度,统筹好人力、财力、政策、项目等各项资源,并具体组织各项工作有序开展。同时,县域脱贫攻坚直接面对老百姓,直接接触群众工作,人民群众能否从国家政策中有实实在在的获得感,是否在扶贫开发过程中增进对国家政策的认同和对执政党的真心拥护,很大程度上取决于县域脱贫攻坚工作做得是否扎实,是否有成效,是否做到了扶到了点上、扶到了根上、扶到了心里。

第一节　兰考实现脱贫摘帽的历程

　　兰考县,地处豫东平原,北依黄河,东临山东,位于九曲黄河最后一道弯,郑州、商丘、菏泽三市中心地带,是河南通往山东半岛的重要门户,河南"一极两圈三层"中"半小时交通圈"的重要组成部分,从地理位置来说,可谓中原要津之一。但长期以来,受制于自然地理条件的限制和整个区域发展环境的影响,兰考县经济社会发展水平较低,始终难以摆脱欠发达的局面。全县下辖13个乡镇、3个街道,450个行政村(社区),总面积1116平方公里,总人口85万人,乡村人口77.29万人。2002年,兰考县被列为国家级贫困县,当时全县有8个贫困乡,160个贫困村,13.2万贫困人口。2011年被确定为大别山连片特困地区重点县时，全县还有131个贫困村，11万贫困人口。2014年4月，严格按照上级"精准识别"规定程序，对全县贫困村和贫困户深入摸底，共识别出贫困村115个，贫困人口7.9万人，其中非贫困村贫困人口占三分之一。[①]

2014年，兰考县被确定为习近平总书记党的群众路线教育实践活动联系点，时任兰考县委书记王新军在一次民主生活会上提出了一个振聋发聩的问题——"守着焦裕禄精神，50年了，为什么兰考贫穷落后仍没有根本改观？"这一追问后来被称为"兰考之问"。当年，兰考县委、县政府向总书记立下了"三年脱贫、七年小康"的军令状。三年间，兰考县深入学习和贯彻习近平总书记关于扶贫工作的重要论述精神，以及习近平总书记2014年3月18日在兰考县委常委扩大会上的重要讲话精神，坚持按照精准扶贫精准脱贫基本方略，结合县域实际，按照"六个精准、五个一批"的原则，解决好"四个问题"，脱贫攻坚取得了突出成绩，于2017年3月成功实现了脱贫"摘帽"。三年间，兰考累计7万余人脱贫，其中2014年实现脱贫5063户19360人；2015年实现脱贫10843户37556人；2016年实现脱贫5310户12675人。三年的脱贫攻坚过程中，县域农村贫困地区各方面短板因素迅速补齐，内生动力初步形成。县域经济一二三产业融合发展的局面基本形成，城乡一体化发展的态势明显加快，改革创新的内生动力持续增强，人民群众的幸福指数大幅提升，各级党员干部谋求发展的信心更加坚定、干事创业的热情空前高涨。

2017年3月，兰考县成功实现脱贫摘帽，这意味着自20世纪80年代中后期国家开启有组织推进的扶贫开发事业以来，中国贫困县的数量第一次实现了净减少，标志着中国与贫困做斗争的历史翻开了崭新的一页。兰考等县市顺利实现脱贫摘帽，证明了党的十八大以来，习近平总书记关于扶贫工作重要论述的科学性和指导性，以及在其指引下不断优化与完善的国家贫困治理体系具有很强的有效性，极大地鼓舞了全国其他贫困县打赢全面建成小康社会决胜期脱贫攻坚战的决心与信心。特别是从兰考脱贫摘帽的实践经验来看，兰考在解决新时期县域贫困治理的共性问题、难点问题，探索一般规律

[①] 资料来源：兰考县扶贫办《兰考县基本情况》，2017年6月收集。

方面形成了有效经验，构成了县域脱贫攻坚战可学可借鉴的样本。

第二节　兰考谋划与推进县域脱贫攻坚的主要做法

一、提高对打赢县域脱贫攻坚战的重大意义的认识

兰考县高度重视提升对脱贫攻坚战重大意义的认识和政治站位，通过不断加强理论学习，提升全县干部对打赢脱贫攻坚战重大意义的认识，推动干部作风转变和攻坚能力建设。县委、县政府领导班子率先垂范，主动深入研究学习习近平新时代中国特色社会主义思想，特别是习近平总书记关于扶贫工作的重要论述。在学习过程中坚持"下足笨功夫"，强调原原本本学、认认真真学，力求清晰把握总书记思想的要义，形成完整的认识。以县委领导班子学习《关于打赢脱贫攻坚战的决定》为例，县委书记带领整个县领导班子，从头到尾，逐字逐句认真学习体会，并且在学习过程中注重知识体系的延伸和扩展，将全面建成小康社会背景下的脱贫攻坚战，置于执政党对初心的体认，置于新时期治国理政的全局高度，置于实现"两个一百年奋斗目标"的历史高度来理解。通过梳理改革开放以来中国共产党领导下，中国政府主导的反贫困斗争历程，特别是深入研究党的十八大以来习近平总书记关于扶贫工作重要论述以及中央关于脱贫攻坚的各项部署，兰考县有效提升了县级领导班子对于脱贫攻坚重大意义的认识，坚定了打赢脱贫攻坚战的决心和信心。

同时，兰考县以多种形式带动全县干部提高认识，鼓励干部认真学习、主动学习，做到科学认识入心入脑。在精准扶贫工作推进过程中，开始阶段，基层干部面对成倍增加的工作，面对政策的发展变动，也出现了不理解，甚至抵触的情绪。随着县一级干部政治站位和思想认识水平的提升，进一步在科级干部中统一认识，有利于鼓舞干劲、形成合力。为达到这一目标，兰考县采取了多方面的举措。一是利用党校干部教育阵地，讲授脱贫攻坚专题党

课。专题党课系统介绍了中国扶贫开发的历程、精准扶贫政策理念的缘起与政策体系的构成、打赢脱贫攻坚战的重大意义、兰考县域经济社会发展和贫困问题的现实情况、工作推进中遇到的难题，以及工作的重点和思路。二是以会代训，进一步提升认识水平，提高业务能力。三是发挥标兵示范带动作用，以先进带动后进。在全县驻村工作干部、乡村干部中评选工作认真负责、成效显著，深得群众认可的"标兵"，发挥"标兵"示范带动作用，为全县干部树立努力的方向和学习的榜样。

此外，兰考县结合精准扶贫实际工作，以学习指导实践，以实践促进学习。"以学习指导实践"，指的是通过提高各级干部的政治站位，深刻理解打赢脱贫攻坚战的重大意义，通过系统学习精准扶贫的政策理念和政策体系，指导县域各项工作有序开展，在每个时间节点上，在每个岗位上的工作人员，能够理解自身当前工作对整个县域脱贫攻坚大局的作用与意义，能够在实践中有基本遵循，形成工作标准。"以实践促进学习"，包括两个方面的内涵：一是在实践中巩固和深化对脱贫攻坚战略意义、对精准扶贫理论方法的认识，二是在各项工作开展过程中，遇到了困惑和疑难，以进一步学习的方法，促进工作方式的优化和改善。特别是在实践过程中，各级干部通过科学运用精准扶贫精准脱贫的工作方法，感受到了国家精准扶贫政策体系和治理体系安排的科学性，感受到了老百姓实实在在的满意和认同。以"精准识别"为例，在工作开展的早期阶段，存在着较为普遍的遗漏和偏差，优亲厚友的现象不仅造成了政策资源难以精准扶持到真正贫困的农户，而且在群众中造成了不好的影响，老百姓对党和国家的政策缺乏认同。在随后几轮的"精准扶贫回头看"和"动态调整"过程中，驻村工作队发现，只要坚持科学合理的标准，主动依靠群众，严守识别程序，识别的精度不仅可以提高，而且老百姓对政策的理解和认同也在同步提升。通过"精准帮扶"，驻村干部看到了贫困人口生活实实在在的改善，增进了对自身工作价值、对精准扶贫工作部署的自信，也进一步激发了干劲，干部作风在实际工作中稳步改善，干群关系也进一步融洽。

通过全面深入的思想建设，全县各级干部对脱贫攻坚重大战略意义形成了科学认识，特别是结合县情、结合自身工作学习的过程中，对本县脱贫攻坚的现实挑战、思路方法逐步形成了清晰而明确的认识。这些思想体系建设的举措，有效提升了干部队伍，特别是驻村干部对精准扶贫、精准脱贫基本方略的理解。我们看到，兰考脱贫攻坚的各项部署得以有效落实，思想体系建设发挥了重要的作用。

二、以脱贫攻坚统揽县域经济社会发展全局

以脱贫攻坚统揽经济社会发展全局具有两个方面的意义。其一，确保时间节点打赢脱贫攻坚战是一项十分艰巨的任务，需要整合县域资源，有力推进；同时有效的贫困治理需要对贫困社区和贫困人口的减贫与发展需求形成综合性的政策回应，在县域内统筹专项扶贫、行业扶贫和社会扶贫的资源、政策，有利于形成综合性的政策支持体系，从而有效推动贫困治理。其二，县域的减贫与发展，需要统筹推进政治、经济、社会、文化和生态文明建设，贯彻创新、协调、开放、绿色、共享的新发展理念，在工作推进过程中要坚持四个全面的战略布局，从而以脱贫攻坚统揽经济社会发展全局，有利于各领域工作形成系统化推进的局面。从兰考脱贫"摘帽"的实践经验来看，脱贫攻坚统揽经济社会发展全局体现在三个层面。

（一）以产业体系建设为抓手，统筹推进脱贫攻坚与县域发展

解决发展的不平衡不充分问题，是县域脱贫攻坚和经济社会发展的根本问题。其中产业体系建设无疑是关键。兰考的产业体系安排，生动体现了脱贫攻坚与县域经济发展之间的辩证关系。一方面，围绕着脱贫攻坚目标的实现，通过产业带动的方式促进贫困人口增收脱贫；另一方面，贫困农村地区劳动力、土地、资本等潜在的生产要素得以激活，结合技术创新的手段，劳动生产率得以提升，为应对经济下行压力，促进县域经济繁荣和产业体系进一步优化、完善提供了有力支撑。总体而言，兰考的产业体系布局遵循三个方面的准则。其一，坚持产业发展要能够带动贫困人口有效参与，促进其脱贫增收。其二，产业体系安排要能够契合地方特色优势资源禀赋，符合国家的产业政策导向。其三，产业体系发展要符合产业体系优化与完善的一般规律，

补齐制约产业提质增效的短板因素。以此，实现了强县与富民的统一，脱贫攻坚与县域发展的统一。具体来说，兰考在深入研判外部发展环境和深耕地方特色资源、发展优势的基础上，摒弃盲目承接沿海地区产业转移的发展道路，确立了家居制造、食品加工和战略性新兴产业3个主导产业，坚持招大引强，突出龙头带动，不断培育壮大特色产业体系，经过不懈努力与探索，逐渐形成了城乡统筹、一二三产业融合发展的产业布局。兰考以产业体系建设促进脱贫攻坚的规划布局，有效破解了区域发展和脱贫攻坚相结合的命题，有效促进了城乡统筹发展。产业体系吸纳劳动力能力强，对贫困人口发展生产的带动效应显著，注重通过制度改革强化产业发展与贫困人口的利益联结机制，较好地解决了产业扶贫的益贫性问题。在脱贫攻坚过程中，不仅贫困人口增收效应明显，而且县域产业链条更加完整，竞争力稳步提升，真正实现了"强县与富民"的统一。

（二）以贯穿城乡为方法，脱贫攻坚与县域新型城镇化建设有效结合

在县域脱贫攻坚过程中，城镇化对带动贫困人口脱贫增收具有重要意义。兰考的城镇化，体现了将"强县与富民统一起来"和"将城乡贯通起来"的理念与要求，中心城区产业聚集区布局带动了能力强的龙头企业，乡镇主要依据当地资源禀赋和发展优势，安排配套产业，并着力补齐乡镇基础设施短板，发挥其更好连接城市与农村，促使乡镇发挥连接区域市场、全国市场，贯通城乡的作用。城镇化与农业产业化同步发展，对农村贫困地区产生了较好的带动作用。一方面，农村贫困社区的各类生产要素得以在市场机制的配置下，提升效能，获得更多的经济效益。另一方面，城镇发展带来的非农就业，为贫困人口特别是中年农村留守人口提供了就业岗位和收入。兰考在谋划脱贫攻坚统揽经济社会发展全局的过程中，高度重视城镇化对脱贫攻坚促进作用的发挥。按照习近平总书记"把城镇和乡村贯通起来"的要求，坚持把城乡统筹发展与脱贫攻坚同步推进，形成了以中心城区为核心，以中心镇为重点，以一般乡镇为支点的新型城镇化发展思路。县域城镇化体系与县域产业体系发展的经济规律高度契合，在推进城镇化建设的过程中，有力促进了产业体

系对贫困人口脱贫增收的带动作用。

（三）补齐公共服务短板，织牢织密农村社会安全网

在县域范围来看，优质公共服务资源向中心城区聚集，农村地区，特别是农村贫困地区公共服务体系建设相对滞后，严重制约着贫困群体需求的有效回应。因此，习近平总书记提出对于困难群众要"格外关注、格外关爱、格外关心"。2015年底，习近平总书记在中央扶贫工作会议上的讲话，明确提出"精准扶贫"过程中要解决好四个问题，在回答"怎么扶"的问题时，总书记提出要坚持"五个一批"的减贫战略，其中发展教育脱贫一批、兜底保障脱贫一批和易地移民搬迁脱贫一批等几项内容，都涉及补齐公共服务短板的要求。兰考县着力推进兜底保障式扶贫工作，特别是重视教育扶贫和健康扶贫的工作。三年脱贫攻坚期间，教育、医疗卫生的公共服务短板快速补齐，基层教育、医疗机构的服务能力显著增强，有效解决了贫困人口因病致贫、因病返贫和因学致贫的问题，为阻断贫困的代际传递发挥了重要作用。兜底保障体系不断完善，特殊困难群体的供养和服务水平明显提高。

三、构筑县域精准扶贫精准脱贫政策体系

精准扶贫精准脱贫的基本方略内涵非常丰富，对县域脱贫攻坚战具有很强的指导意义。大致而言，精准扶贫精准脱贫的过程中，需要坚持做到"六个精准"、以"五个一批"为指引，解决好"扶持谁、谁来扶、怎么扶、如何退"这样四个问题。

（一）摸清底数，精准识别贫困人口

长期以来，贫困人口底数不清、情况不明，是制约国家减贫干预精细化、精准化程度提升的根本问题。解决好"扶持谁"的问题，找准贫困人口，掌握减贫与发展需求，并在此基础上形成科学合理的扶持方案，无疑是精准扶贫精准脱贫基本方略的要义所在。兰考县高度重视"精准识别"工作，制定《兰考县扶贫开发建档立卡工作实施方案》，坚持实事求是原则，以农户收入为基本依据，统筹考虑住房、教育、医疗等情况，按照农户申请、民主评议、

公示公告和逐级审核的方式，整户识别、精准到户，建档立卡。[1] 经过第一轮识别，全县共识别出贫困村 115 个，贫困人口 7.9 万人。与全国各地的情形比较类似，由于第一轮识别过程中经验积累不足，干部认识和工作能力不强，识别的准确度并不理想。为此，兰考县严格按照国家、河南省关于建档立卡贫困人口的标准条件，采取"四议两公开"的方法，对全县的贫困人口先后开展 4 次精准再识别。本着实事求是、有错必纠的态度，结合"两不愁，三保障"的要求，坚持"应进必进，应出必出，应纠必纠"的原则，逐村、逐户、逐人"过筛子"，集中将精准识别结果及时录入贫困户建档立卡信息系统。同步建立"一户一档"，为实现精准脱贫奠定基础。此外，兰考县自我加压，县委、县政府督查局组织 170 余人，对全县建档立卡贫困户精准度进行暗访式、网格式、地毯式等形式督查，对脱贫攻坚工作边督查整改、边反馈交办，并对整改情况进行"回头看"，确保脱贫攻坚工作实效。[2]

（二）发挥好"第一书记"和"驻村工作队"作用

国家精准扶贫的各项支持举措，如何有效传递到贫困社区和贫困农户，是精准扶贫取得实效的关键，为了更为有效、精准地传递国家各类政策资源，解决好"谁来扶"的问题至关重要。按照中央层面的顶层设计，兰考县在全县后备干部队伍中，遴选"驻村工作队"，选配"第一书记"。2014 年，兰考县成立驻村扶贫工作领导小组，实行县级领导分包乡镇（街道），科级干部当队长、科级后备干部当队员的驻村帮扶机制。2015 年，对 115 个驻村扶贫工作队进行充实调整，在全县范围内抽调 345 名后备干部和优秀干部派驻到 115 个贫困村，同时建立驻村工作管理机制。针对非贫困村缺乏帮扶的问题，2016 年，从各乡镇（街道）抽调 335 名优秀干部驻村专职从事基层党建和扶贫工作，确保每个贫困村都有帮扶工作队、每个贫困户都有帮扶责任人，做到不脱贫不脱钩，不拔穷根不撤队伍。坚持把脱贫攻坚作为锤炼干部、转变作风的主战场，评选表彰 70 名"驻村扶贫工作标兵"，提拔重用驻村干部或

---

[1] 资料来源：兰考县扶贫办《干字当头、精准发力，全面加快脱贫致富奔小康步伐》，内部资料。
[2] 韩峥：《广西西部十县农村脆弱性分析及对策建议》，《农业经济》2002 年第 5 期。

一线扶贫干部124人次。[①]

兰考县在"驻村工作队"以及"第一书记"选派和管理过程中,形成了全链条的制度体系。其一,明确脱贫攻坚主战场是培养、选拔、任用干部的主要渠道,形成明确的用人导向,对精准扶贫工作实绩突出的后备干部,优先提拔任用。其二,强化驻村干部的能力建设,主要包括精准扶贫"应知应会"的多次轮训,农村工作知识和技能培训等;在培训过程中,注重"标兵"作用的发挥,注重实践经验与创新的分享和扩散。其三,理顺基层关系,压实各主体责任,形成合理机制。明确乡村两级党委书记是脱贫攻坚的第一责任人,驻村工作队是"帮扶责任人",并且赋予驻村干部在扶贫规划形成、扶贫项目实施、政策资源分配中一定的决策权。通过这些制度安排,驻村干部、乡镇干部、村"两委"形成了分工协作的合力机制。其四,扁平化政府管理体系,切实发挥好"干部下乡"的作用。访谈中,县委组织部和督查局的同志,不约而同地谈起,兰考的驻村干部,不仅是政策的宣传员、服务的快递员,同时还是政府的信息员、政策的实验员、实践创新的发起者。通过畅达的信息反馈管理,脱贫攻坚一线的实际情况,得以及时地反馈到县级管理部门,有利于政策的持续优化。兰考县很多重要的政策创新、体制机制创新,都是来自基层的探索和创造。

(三)增强政策供给对减贫需求的回应性

贫困社区和贫困人口的需求具有多样性、多层次性,因而有效的贫困治理,意味着贫困治理的重心下移,以贫困社区和贫困农户真实的致贫因素组合和资源禀赋为基础,形成分类支持的政策体系,精准回应差异化的需求。兰考县针对不同原因、不同类型的贫困户,因村因户制宜,制定了12项有针对性的具体帮扶措施。对已脱贫户,实施保险、产业扶贫、外出务工补助、大学生补贴、危房改造、雨露计划等6项措施,确保其稳定增收不返贫。对一般贫困户,除落实以上6项措施外,增加医疗救助、中小学教育救助、光伏扶贫3项措施,确保贫困户不因学、因病致贫;利用到户增收、小额担保贷款等资金,支持发展"种养加"项目,确保稳定脱贫不返贫。对兜底户,除落实

---

① 资料来源:兰考县扶贫办《抓好精准识别,着力解决"扶持谁"的问题》,内部资料。

以上9项措施外，还采取兜底人员全部纳入低保，60岁以上人员给予临时救助，人均土地不足1亩的按每亩收益500元差额补助等3项措施，确保兜得起、稳得住。为彻底改变贫困农户精神面貌，按照"五不五有"（不能住危房，要有大门和围墙；不能没门窗，要有玻璃和纱窗；不能没家电，要有电视和电扇；不能没家具，要有床柜和桌椅；不能脏和乱，环境要有改变）和"五净一规范"（院内净、卧室净、厨房净、厕所净、个人卫生净和院内摆放规范）标准，大力改善兜底户生活条件，提振脱贫信心。[①]值得一提的是，兰考县上述精准扶贫的12项政策安排，体现了前文所述的"三级精准"理念，即在落实好中央和层级层面政策体系的同时，结合县域减贫治理的实际情况，推出适宜的政策安排，切实实践精准思维。

（四）严格标准，验收"精准退出关"

精准扶贫精准脱贫，不仅要找准政策对象，开对治理贫困的"药方"，有序有效传递政策资源，更要把好"精准脱贫"关卡，让精准扶贫的成效经得起历史和人民的检验，赢得人民的认可。"精准脱贫"意味着通过有效的政策干预，解决好贫困人口"两不愁、三保障"的问题，严格按照退出标准、退出程序，跟老百姓一起算账，让贫困农户对脱贫"认账"。同时还意味着要提升内生发展动力，推出后续政策支持，让脱贫成效稳定长效，提升贫困社区和贫困农户的自我发展能力。兰考县高度重视"精准脱贫"工作，按照国务院办公厅《关于建立贫困退出机制的意见》，河南省政府《河南省贫困退出实施办法》，兰考结合实际情况，制订了《兰考县贫困退出工作方案》。贫困户退出方面，组织乡镇（街道）、村"两委"、驻村工作队、包村干部、帮扶责任人等工作力量，严格按照"1+2+3"的贫困户退出标准和相关程序，实施贫困户有序退出。贫困村退出方面，在省定贫困村退出"1+7+2"标准的基础上，自我加压，增加了脱贫发展规划、帮扶规划、标准化档案建设、兜底户精神面貌改观、政策落实5项内容，形成了"1+7+2+5"退出标准体系，并组织8个调查核实组、3个督查组、3个调研组，逐村逐项开展贫困村退出调查核实工作。贫困县退出

---

① 资料来源：兰考县扶贫办《因村精准派人，着力解决"谁来扶"的问题》，内部资料。

方面,2016年10月25日,聘请中国科学院地理科学与资源研究所作为第三方,对兰考贫困退出进行预评估。综合评估得出:兰考的退出可行度为95.68%,可以稳定退出。12月28日,河南省扶贫开发领导小组对兰考贫困退出进行了省级核查,并于2017年1月9日将退出情况进行了公示。2017年1月9日至21日,国务院扶贫办对兰考先后开展了省际互查、第三方抽查、普查、核查四次调查核实工作。2月4日至5日,第三方进行复核。2月23日,国务院扶贫开发领导小组向河南省扶贫开发领导小组反馈兰考县退出专项评估情况,结果显示:抽样群众认可度98.96%,综合测算贫困发生率1.27%。2月27日,河南省政府批准兰考县退出贫困县序列。3月27日,河南省政府正式宣布兰考县脱贫摘帽。①

四、优化县域脱贫攻坚治理体系,提升治理能力

打赢脱贫攻坚战是一项复杂的系统工程,有了准确的认识体系、完善的政策体系、科学的方法体系,还需要建立有效的治理体系。具体而言,治理体系包括两个方面的内容:其一,按照专项扶贫、行业扶贫、社会扶贫"三位一体"的大扶贫工作格局,统筹各类资源,协调各参与主体的行动,形成脱贫攻坚的合力。其二,抓好政策落实,解决好政策落实"最后一公里"问题,保证各项政策举措能够落到实处、取得实效。兰考在脱贫攻坚过程中,将脱贫攻坚与县域治理体系和治理能力提升,与县域全面深化改革相衔接,以持续的体制机制创新为脱贫攻坚保驾护航;在此过程中,县域治理体系和治理能力现代化水平也有显著的改善。其具体经验主要体现在四个方面。

(一)抓好党建扶贫,充分发挥政治优势和制度优势

党的领导是中国特色社会主义事业赢得一个又一个胜利的决定性因素。20世纪80年代以来,中国减贫治理取得了举世瞩目的重大成就,一个基本的经验是始终坚持党建工作对扶贫开发的引领和带动作用。兰考县在加强党的建设,为赢得县域脱贫攻坚阶段决定性胜利方面,开展了深入细致的工作,

---

① 资料来源:兰考县扶贫办《干字当头,精准发力,全面加快脱贫致富奔小康步伐》,内部资料;另见:兰考县扶贫办《严格标准程序,认真解决"如何退"的问题》,内部资料。

形成了宝贵的经验。一方面，如前文所述，加强干部队伍的思想建设、作风建设和能力建设，以党的群众路线教育和弘扬焦裕禄精神为抓手，提升全县干部对打赢脱贫攻坚战重大战略意义的认识，促进干部队伍推动精准扶贫工作开展的能力建设；形成县、乡、村三级联动的责任体系，逐级明确分工，压实责任。另一方面，通过新时代的"干部下乡"，把优秀干部选派到贫困村担任第一书记，做到贫困村驻村工作队全覆盖，在脱贫攻坚的第一线培养干部、磨炼干部。此外，恰如总书记指出的，扶贫开发不光是给钱给物，还要给个好支部。兰考县大力实施村级组织"双提升工程"，夯实村级党组织凝聚人心、汇聚力量、引领发展的能力，把村级党组织建设成为脱贫攻坚的红色堡垒。壮大贫困农村集体经济，提振村集体经济对贫困人口脱贫增收的带动能力，提高贫困社区村级公共物品的供给能力。上述举措，为打赢脱贫攻坚战提供了有力的政治保障。

（二）构筑县域大扶贫工作格局，形成攻坚合力

贫困治理是一项复杂的系统工程，有效的贫困治理需要充分发挥政治优势和制度优势，需要实现政府各部门的协同、联动，需要增进政策供给对差异化需求的有效回应，需要综合运用政府、市场和社会三种资源、三种手段。兰考在脱贫攻坚过程中，缜密布局、科学谋划，形成了合理、高效的脱贫攻坚治理结构，政府、市场、社会主体，各司其职、各就其位，三种资源得到充分开掘，三种机制得到合理应用。最为广泛地凝聚了资源、合力，形成了各主体互相补位、有序参与的格局，为取得脱贫攻坚战的胜利奠定了治理结构的基础。而这种治理结构的安排，统一在县域脱贫攻坚统揽经济社会发展全局中要求贯彻；各部门、各主体围绕着打赢脱贫攻坚战，各尽其责，形成了强大的合力。

（三）不断改革创新，破除制约县域精准扶贫的体制机制障碍

党的十八大以来，以精准扶贫精准脱贫为理念基础，国家贫困治理体系经历着密集的调整，这一轮调整的根本指向在于提升国家减贫行动对于贫困社区贫困人口多元化、差异化需求的有效回应能力。围绕着这一目标，各领域全面深化改革，形成了诸多创新。具体到县一级，通过全面深化改革的思维框架，为精准扶贫精准脱贫营造有利制度环境，有众多的议题有待深入破解。

兰考县脱贫摘帽的实践中,充分体现了创新发展和全面深化改革的思维。例如,在国家层面"四到县"改革的基础上,兰考县将资源配置的重心进一步下沉到村一级,同时,兰考在授权乡村两级组织的同时,制定了涉及审计、监理、第三方评估、执纪问责等系统完备的管理办法,在"放活"的基础上,实现管理好、服务好。此外,狠抓精准识别工作,提升贫困识别的精度,通过有效的监督和管理,结合群众广泛参与,确保政策资源得到合理的使用。上述体制机制创新,为实现"滴灌"式扶贫作业提供了有力支撑。

（四）提升政策执行力,确保各项决策部署落到实处

政策执行是各项政策安排是否取得实绩的关键。兰考县通过督察体系改革,为打赢脱贫攻坚战提供了执行力的支撑。具体来说,兰考在原有县委督查室、政府督察办等机构的基础上,成立新的督查局,并赋予督查局进度检查、目标考核、督查调研、督查协调等九项职能。兰考县委县政府擅用督察、会用督察,以督察体制改革为脱贫攻坚保驾护航。与所有部门、乡镇签订脱贫攻坚目标责任书,明确各级干部、驻村工作队的工作职责,经常性地检查和督促,注重督查成果的应用。督察工作覆盖了精准扶贫精准脱贫的全领域、全链条,有力保障了各项工作的及时高效落实。特别是,在督察调研的基础上,形成督察报告,为县委、县政府,及各行业部门相应的政策调整提供了决策参考,促进了县一级精准扶贫精准脱贫政策的优化与创新。

第三节　兰考脱贫摘帽成果及其启示意义

一、兰考成功实现脱贫摘帽的主要成果

兰考县成功实现脱贫摘帽的成果是多个层面的。首先,实现了中央关于县域脱贫攻坚的总体目标,为全面建成小康社会补齐了"突出短板"。全面建成小康社会,最艰巨的任务在农村,特别是农村贫困地区,打赢脱贫攻坚战是补齐全面建成小康社会突出短板的重大战略部署。2016年11月,中共中央、

国务院联合印发了《关于打赢脱贫攻坚战的决定》，明确脱贫攻坚的总体目标。经过不懈努力，已脱贫摘帽县实现了脱贫攻坚的各项预期目标，贫困人口实现了"两不愁、三保障"的目标，县域内，特别是县域贫困村基础设施、基本公共服务明显改善，自我发展能力初步形成，各项指标明显提升，为全面建成小康社会补齐了"突出短板"。其次，脱贫攻坚过程中，县域经济社会发展面貌显著改善，后续发展有了良好基础。脱贫攻坚是一项综合性的系统工程，在县域层面，以脱贫攻坚统揽经济社会发展全局是总的方法和有效路径。随着脱贫攻坚各项政策部署落地，县域产业体系、城镇化体系初步形成，教育、医疗等各项民生事业取得了长足发展，县域发展的软硬件条件有了较大改善，这无疑为脱贫摘帽县抢抓新一轮发展机遇奠定了较好基础。再次，探索出一套县域治理的有效模式。实现脱贫摘帽的过程，也是贫困县全面深化县域各领域改革、推进县域治理体系和治理能力现代化的过程。围绕着脱贫攻坚目标的实现，一些长期困扰县域治理的难点问题，有了针对性的解决方案，县域各项政策之间、各部门之间的协同性显著增强，政策执行的"最后一公里"问题得以有效解决。事实证明，已脱贫摘帽县的县域治理体系不断完善，治理能力有了大幅提升。最后，党的基层组织凝聚力、战斗力显著增强，党的执政基础更加稳固。一方面，党对扶贫开发工作的领导是中国国家减贫治理体系最为突出的特点，也是最大的政治优势。县域脱贫攻坚过程中，党建扶贫领域"党政双主官任组长""五级书记一起抓扶贫"、驻村工作队和第一书记、基层组织建设和集体经济发展、作风建设等制度安排，为各项工作有序开展、有力推进提供了强劲的政治保障和制度保障。同时，深入扎实地贯彻落实精准扶贫、精准脱贫的基本方略，也是践行党的实事求是思想路线和从群众中来到群众中去工作路线的生动体现。另一方面，以脱贫攻坚为抓手，党的基层组织凝聚力、战斗力显著增强，随着各项政策举措落地，人民群众有了实实在在的获得感，增进了对党的领导和党的政策的认同。

二、兰考成功实现脱贫摘帽的主要经验

兰考取得这样突出的成绩主要经验在于几个方面。其一，坚持习近平总

书记关于扶贫工作重要论述的指引。兰考县委县政府高度重视理论学习，坚持原原本本学，认认真真学，力求全面深入地掌握习近平扶贫开发重要论述的源流脉络、逻辑与方法，强调坚持结合实际学，通过学习促进各项工作不断提升和优化。其二，坚持以脱贫攻坚统揽经济社会发展全局。按照总书记要求，为确保打赢脱贫攻坚战，在县域经济社会发展工作中，凸显脱贫攻坚的统揽地位，在规划体系，特别是产业规划、县域城镇化规划、县域经济社会发展规划等诸方面都有充分体现；同时，以打赢脱贫攻坚战为目标，深化各领域的配套改革，以"四个全面"的战略布局为脱贫攻坚保驾护航，深化各领域改革，如县与乡镇之间事权关系改革、督察体制改革等。其三，坚持精准扶贫、精准脱贫的基本方略。按照习近平总书记关于扶贫工作的重要论述思想的要求，结合县域脱贫攻坚实际，扎实推进"六个精准""五个一批"，解决好"四个问题"，完成了扶贫开发从精细化、"滴灌"式管理。在产业选择、项目安排、政策扶持诸方面，依据贫困社区和贫困人口的需求，将外部的发展利好环境、政策支持与贫困农户的发展意愿更好衔接。其四，注重发挥好政治优势和制度优势。将脱贫攻坚作为中心工作，通过全面从严治党，践行党的群众路线，弘扬焦裕禄精神，教育干部、锻炼干部，将干部培养和选拔的"学校"和"考场"设定在脱贫攻坚的第一线。推进乡村基层治理体系建设，配套贫困村村级组织，提升村"两委"的战斗力。其五，在深入推进脱贫攻坚的过程中，着力破除各种体制机制障碍和解决形式主义问题，以问题为导向，以体制机制改革为方法，提升整个县域贫困治理体系的治理能力。其六，注重创新发展，基于兰考发展内外部环境特点的整体研判，积极利用好各类政策支持，将良好的外部发展环境转换为实实在在的脱贫成效，提升内生动力。特别是在立足农业现代化发展趋势和农村社会转型实际方面，创造性地将各种新技术、新理念、新思维、新业态应用到脱贫攻坚实践中，形成了新兴产业扶贫体系、新型金融扶贫体系、资本市场扶贫等创新经验，收到了良好效果。

兰考脱贫摘帽的成功经验，不仅对其他县市破解县域脱贫攻坚中的难点问题提供了有价值的参考范本，更具有重大的理论贡献。基于兰考脱贫摘帽的经验，我们能够发现中国减贫道路的强大效能与生命力。改革以来的40

年时间里，中国逐渐探索出一套独具特色的贫困治理道路。有别于全球其他国家的一般经验，中国的贫困治理在指导思想、政策体系、治理体系等方面有诸多重要的创造，为解答全球减贫治理领域众多基础性问题，提供了中国方案。

思考题

1. 简述以脱贫攻坚统揽经济社会发展全局的意义与方法。
2. 试论如何提升政策供给对贫困村、贫困户需求的回应性。
3. 试述如何认识县域脱贫摘帽的成果。
4. 试论建立稳定脱贫长效机制的方法。

拓展阅读

1. 习近平：《做焦裕禄式的县委书记》，中央文献出版社2015年版。
2. 黄承伟、吕方：《贫困县脱贫摘帽案例研究——兰考脱贫攻坚的基本经验与启示意义》，载《中国扶贫开发报告（2017）》，社会科学文献出版社2017年版。

附 录

中共中央、国务院
关于打赢脱贫攻坚战三年行动的指导意见

（2018年6月15日）

党的十八大以来，以习近平同志为核心的党中央把脱贫攻坚工作纳入"五位一体"总体布局和"四个全面"战略布局，作为实现第一个百年奋斗目标的重点任务，作出一系列重大部署和安排，全面打响脱贫攻坚战。过去5年，我们采取超常规举措，以前所未有的力度推进脱贫攻坚，农村贫困人口显著减少，贫困发生率持续下降，解决区域性整体贫困迈出坚实步伐，贫困地区农民生产生活条件显著改善，贫困群众获得感显著增强，脱贫攻坚取得决定性进展，创造了我国减贫史上的最好成绩。过去5年，我们充分发挥政治优势和制度优势，构筑了全社会扶贫的强大合力，建立了中国特色的脱贫攻坚制度体系，为全球减贫事业贡献了中国智慧和中国方案，谱写了人类反贫困史上的辉煌篇章。

党的十九大明确把精准脱贫作为决胜全面建成小康社会必须打好的三大攻坚战之一，作出了新的部署。从脱贫攻坚任务看，未来3年，还有3000万左右农村贫困人口需要脱贫，其中因病、因残致贫比例居高不下，在剩余3年时间内完成脱贫目标，任务十分艰巨。特别是西藏、四省藏区、南疆四地州和四川凉山州、云南怒江州、甘肃临夏州（以下简称"三区三州"）等深度贫困地区，不仅贫困发生率高、贫困程度深，而且基础条件薄弱、致贫原因复杂、发展严重滞后、公共服务不足，脱贫难度更大。从脱贫攻坚工作看，形式主义、官僚主义、弄虚作假、急躁和厌战情绪以及消极腐败现象仍然存在，有的还很严重，影响脱贫攻坚有效推进。必须清醒地把握打赢脱贫攻坚战的困难和挑战，切实增强责任感和紧迫感，一鼓作气、尽锐出战、精准施策，以更有力的行动、更扎实的工作,集中力量攻克贫困的难中之难、坚中之坚,确保坚决打赢脱贫这场对如期全面建成小康社会、实现第一个百年奋斗目标具有决定性意义的攻坚战。

按照党的十九大关于打赢脱贫攻坚战总体部署,根据各地区各部门贯彻落实《关于打赢脱贫攻坚战的决定》的进展和实践中存在的突出问题,现就完善顶层设计、强化政策措施、加强统筹协调,推动脱贫攻坚工作更加有效开展,制定以下指导意见。

一、全面把握打赢脱贫攻坚战三年行动的总体要求

(一)指导思想

全面贯彻党的十九大和十九届二中、三中全会精神,以习近平新时代中国特色社会主义思想为指导,充分发挥政治优势和制度优势,坚持精准扶贫精准脱贫基本方略,坚持中央统筹、省负总责、市县抓落实的工作机制,坚持大扶贫工作格局,坚持脱贫攻坚目标和现行扶贫标准,聚焦深度贫困地区和特殊贫困群体,突出问题导向,优化政策供给,下足绣花功夫,着力激发贫困人口内生动力,着力夯实贫困人口稳定脱贫基础,着力加强扶贫领域作风建设,切实提高贫困人口获得感,确保到2020年贫困地区和贫困群众同全国一道进入全面小康社会,为实施乡村振兴战略打好基础。

(二)任务目标

到2020年,巩固脱贫成果,通过发展生产脱贫一批,易地搬迁脱贫一批,生态补偿脱贫一批,发展教育脱贫一批,社会保障兜底一批,因地制宜综合施策,确保现行标准下农村贫困人口实现脱贫,消除绝对贫困;确保贫困县全部摘帽,解决区域性整体贫困。实现贫困地区农民人均可支配收入增长幅度高于全国平均水平。实现贫困地区基本公共服务主要领域指标接近全国平均水平,主要有:贫困地区具备条件的乡镇和建制村通硬化路,贫困村全部实现通动力电,全面解决贫困人口住房和饮水安全问题,贫困村达到人居环境干净整洁的基本要求,切实解决义务教育学生因贫失学辍学问题,基本养老保险和基本医疗保险、大病保险实现贫困人口全覆盖,最低生活保障实现应保

尽保。集中连片特困地区和革命老区、民族地区、边疆地区发展环境明显改善，深度贫困地区如期完成全面脱贫任务。

（三）工作要求

坚持严格执行现行扶贫标准。严格按照"两不愁、三保障"要求，确保贫困人口不愁吃、不愁穿；保障贫困家庭孩子接受九年义务教育，确保有学上、上得起学；保障贫困人口基本医疗需求，确保大病和慢性病得到有效救治和保障；保障贫困人口基本居住条件，确保住上安全住房。要量力而行，既不能降低标准，也不能擅自拔高标准、提不切实际的目标，避免陷入"福利陷阱"，防止产生贫困村和非贫困村、贫困户和非贫困户待遇的"悬崖效应"，留下后遗症。

坚持精准扶贫精准脱贫基本方略。做到扶持对象精准、项目安排精准、资金使用精准、措施到户精准、因村派人（第一书记）精准、脱贫成效精准，因地制宜、从实际出发，解决好扶持谁、谁来扶、怎么扶、如何退问题，做到扶真贫、真扶贫，脱真贫、真脱贫。

坚持把提高脱贫质量放在首位。牢固树立正确政绩观，不急功近利，不好高骛远，更加注重帮扶的长期效果，夯实稳定脱贫、逐步致富的基础。要合理确定脱贫时序，不搞层层加码，不赶时间进度、搞冲刺，不搞拖延耽误，确保脱贫攻坚成果经得起历史和实践检验。

坚持扶贫同扶志扶智相结合。正确处理外部帮扶和贫困群众自身努力的关系，强化脱贫光荣导向，更加注重培养贫困群众依靠自力更生实现脱贫致富的意识，更加注重提高贫困地区和贫困人口自我发展能力。

坚持开发式扶贫和保障性扶贫相统筹。把开发式扶贫作为脱贫基本途径，针对致贫原因和贫困人口结构，加强和完善保障性扶贫措施，造血输血协同，发挥两种方式的综合脱贫效应。

坚持脱贫攻坚与锤炼作风、锻炼队伍相统一。把脱贫攻坚战场作为培养干部的重要阵地，强化基层帮扶力量，密切党同人民群众血肉联系，提高干部干事创业本领，培养了解国情和农村实际的干部队伍。

坚持调动全社会扶贫积极性。充分发挥政府和社会两方面力量作用，强化政府责任，引导市场、社会协同发力，构建专项扶贫、行业扶贫、社会扶贫互为补充的大扶贫格局。

二、集中力量支持深度贫困地区脱贫攻坚

（一）着力改善深度贫困地区发展条件

推进深度贫困地区交通建设攻坚，加快实施深度贫困地区具备条件的建制村通硬化路工程。加快实施深度贫困地区农村饮水安全巩固提升工程。加快深度贫困地区小型水利工程建设，推进深度贫困地区在建重大水利工程建设进度。推进深度贫困地区农村电网建设攻坚，实现农网动力电全覆盖。加强"三区三州"电网建设，加快解决网架结构薄弱、供电质量偏低等问题。加大深度贫困地区互联网基础设施建设投资力度，加快实现深度贫困地区贫困村网络全覆盖。推进深度贫困地区整合资金、统一规划、统筹实施农村土地综合整治和高标准农田建设。推进西藏、四省藏区、新疆南疆退耕还林还草、退牧还草工程。加快岩溶地区石漠化综合治理、西藏生态安全屏障、青海三江源生态保护、祁连山生态保护和综合治理等重点工程建设。实施贫困村提升工程。

（二）着力解决深度贫困地区群众特殊困难

全面实施"三区三州"健康扶贫攻坚行动，重点做好包虫病、艾滋病、大骨节病、结核病等疾病综合防治。加强禁毒脱贫工作，分级分类落实禁毒脱贫举措。采取特殊措施和手段推动人口较少民族贫困人口精准脱贫。全面落实边民补助、住房保障等守边固边政策，改善抵边一线乡村交通、饮水等条件，启动实施抵边村寨电网升级改造攻坚计划，加快推进边境村镇宽带网络建设。稳妥推进新疆南疆土地清理再分配改革，建立土地经营与贫困户直接挂钩的利益分配机制。

（三）着力加大深度贫困地区政策倾斜力度

中央财政进一步增加对深度贫困地区专项扶贫资金、教育医疗保障等转移支付，加大重点生态功能区转移支付、农村危房改造补助资金、中央预算内投资、车购税收入补助地方资金、县级基本财力保障机制奖补资金等对深度贫困地区的倾斜力度，增加安排深度贫困地区一般债券限额。规范扶贫领

域融资，依法发行地方政府债券，加大深度贫困地区扶贫投入。新增金融资金优先满足深度贫困地区，新增金融服务优先布局深度贫困地区，对深度贫困地区发放的精准扶贫贷款实行差异化贷款利率。保障深度贫困地区产业发展、基础设施建设、易地扶贫搬迁、民生发展等用地，对土地利用规划计划指标不足部分由中央协同所在省份解决。深度贫困地区开展城乡建设用地增减挂钩可不受指标规模限制，建立深度贫困地区城乡建设用地增减挂钩节余指标跨省域调剂使用机制。深度贫困地区建设用地涉及农用地转用和土地征收的，依法加快审批。在援藏援疆援青工作中，进一步加大对"三区三州"等深度贫困地区干部选派倾斜支持力度。

三、强化到村到户到人精准帮扶举措

（一）加大产业扶贫力度

深入实施贫困地区特色产业提升工程，因地制宜加快发展对贫困户增收带动作用明显的种植养殖业、林草业、农产品加工业、特色手工业、休闲农业和乡村旅游，积极培育和推广有市场、有品牌、有效益的特色产品。将贫困地区特色农业项目优先列入优势特色农业提质增效行动计划，加大扶持力度，建设一批特色种植养殖基地和良种繁育基地。支持有条件的贫困县创办一二三产业融合发展扶贫产业园。组织国家级龙头企业与贫困县合作创建绿色食品、有机农产品原料标准化基地。实施中药材产业扶贫行动计划，鼓励中医药企业到贫困地区建设中药材基地。多渠道拓宽农产品营销渠道，推动批发市场、电商企业、大型超市等市场主体与贫困村建立长期稳定的产销关系，支持供销、邮政及各类企业把服务网点延伸到贫困村，推广以购代捐的扶贫模式，组织开展贫困地区农产品定向直供直销学校、医院、机关食堂和交易市场活动。加快推进"快递下乡"工程，完善贫困地区农村物流配送体系，加强特色优势农产品生产基地冷链设施建设。推动邮政与快递、交通运输企业在农村地区扩展合作范围、合作领域和服务内容。完善新型农业经营主体与贫困户联动发展的利益联结机制，推广股份合作、订单帮扶、生产托管等有效做法，实现贫困户与现代农业发展有机衔接。建立贫困户产业发展指导员制度，明确到户帮扶干部承担产业发展指导职责，帮助贫困户协调解决生产经营中的问题。鼓励各地通过政府购买服务方式向贫困户提供便利高效的农业社会化服务。实施电商扶贫，优先在贫困县建设农村电子商务服务站点。继续实施电子商务进农村综合示范项目。动员大型电商企业和电商强县对口帮扶贫困县，推进电商扶贫网络频道建设。积极推动贫困地区农村资源变资产、资金变股金、农民变股东改革，制定实施贫困地区集体经济薄弱村发展提升计划，通过盘活集体资源、入股或参股、量化资产收益等渠道增加集体经济收入。在条件适宜地区，以贫困村村级光伏电站建设为重点，有序推进光伏扶贫。支持贫困县整合财政涉农资金发展特色产业。鼓励地方从实际出发利用扶贫资金发展短期难见效、未来能够持续发挥效益的产业。规范和推动资产收益扶贫工作，确保贫困户获得稳定收益。将产业扶贫纳入贫困县扶贫成效考核和党政一把手离任审计，引导各地发展长期稳定的脱贫产业项目。

（二）全力推进就业扶贫

实施就业扶贫行动计划，推动就业意愿、就业技能与就业岗位精准对接，提高劳务组织化程度和就业脱贫覆盖面。鼓励贫困地区发展生态友好型劳动密集型产业，通过岗位补贴、场租补贴、贷款支持等方式，扶持企业在贫困乡村发展一批扶贫车间，吸纳贫困家庭劳动力就近就业。推进贫困县农民工创业园建设，加大创业担保贷款、创业服务力度，推动创业带动就业。鼓励开发多种形式的公益岗位，通过以工代赈、以奖代补、劳务补助等方式，动员更多贫困群众参与小型基础设施、农村人居环境整治等项目建设，吸纳贫困家庭劳动力参与保洁、治安、护路、管水、扶残助残、养老护理等，增加劳务收入。深入推进扶贫劳务协作，加强劳务输出服务工作，在外出劳动力就业较多的城市建立服务机构，提高劳务对接的组织化程度和就业质量。东部地区要组织企业到西部地区建设产业园区，吸纳贫困人口稳定就业。西部地区要组织贫困人口到东部地区就业。实施家政和护工服务劳务对接扶贫行动，打造贫困地区家政和护工服务品牌，完善家政和护工就业保障机制。实施技能脱贫专项行动，统筹整合各类培训资源，组织有就业培训意愿的贫困家庭劳动力参加劳动预备制培训、岗前培训、订单培训和岗位技能提升培训，按规定落实职业培训补贴政策。推进职业教育东西协作行动，实现东西部职业院校结对帮扶全覆盖，深入实施技能脱贫千校行动，支持东部地区职业院校招收对口帮扶的西部地区贫困家庭学生，帮助有在东部地区就业意愿的毕业生实现就业。在人口集中和产业发展需要的贫困地区办好一批中等职业学校（含技工学校），建设一批职业技能实习实训基地。

（三）深入推动易地扶贫搬迁

全面落实国家易地扶贫搬迁政策要求和规范标准，结合推进新型城镇化，进一步提高集中安置比例，稳妥推进分散安置并强化跟踪监管，完善安置区配套基础设施和公共服务设施，严守贫困户住房建设面积和自筹资金底线，统筹各项扶贫和保障措施，确保完成剩余390万左右贫困人口搬迁建设任务，确保搬迁一户、稳定脱贫一户。按照以岗定搬、以业定迁原则，加强后续产业发展和转移就业工作，确保贫困搬迁家庭至少1个劳动力实现稳定就业。在自然条件和发展环境异常恶劣地区，结合行政村规划布局调整，鼓励实施整村整组搬迁。今后3年集中力量完成"十三五"规划的建档立卡贫困人口搬迁任务，确保具备搬迁安置条件的贫困人口应搬尽搬，逐步实施同步搬迁。对目前不具备搬迁安置条件的贫困人口，优先解决其"两不愁、三保障"问题，今后可结合实施乡村振兴战略压茬推进，通过实施生态宜居搬迁和有助于稳定脱贫、逐步致富的其他形式搬迁，继续稳步推进。加强安置区社区管理和服务，切实做好搬迁群众户口迁移、上学就医、社会保障、心理疏导等接续服务工作，引导搬迁群众培养良好生活习惯，尽快融入新环境新社区。强化易地扶贫搬迁督促检查，确保高质量完成易地扶贫搬迁目标任务。

（四）加强生态扶贫

创新生态扶贫机制，加大贫困地区生态保护修复力度，实现生态改善和脱贫双赢。推进生态保护扶贫行动，到2020年在有劳动能力的贫困人口中新增选聘生态护林员、草管员岗位40万个。加大对贫困地区天然林保护工程建设支持力度。探索天然林、集体公益林托管，推广"合作社＋管护＋贫困户"模式，吸纳贫困人口参与管护。建设生态扶贫专业合作社（队），吸纳贫困人口参与防沙治沙、石漠化治理、防护林建设和储备林营造。推进贫困地区低产低效林提质增效工程。加大贫困地区新一轮退耕还林还草支持力度，将新增退耕还林还草任务向贫困地区倾斜，在确保省级耕地保有量和基本农田保护任务前提下，将25度以上坡耕地、重要水源地15—25度坡耕地、陡坡梯田、严重石漠化耕地、严重污染耕地、移民搬迁撂荒耕地纳入新一轮退耕还林还草工程范围，对符合退耕政策的贫困村、贫困户实现全覆盖。结合建立国家公园体制，多渠道筹措资金，对生态核心区内的居民实施生态搬迁，带动贫困群众脱贫。深化贫困地区集体林权制度改革，鼓励贫困人口将林地经营权入股造林合作社，增加贫困人口资产性收入。完善横向生态保护补偿机制，让保护生态的贫困县、贫困村、贫困户更多受益。鼓励纳入碳排放权交易市场的重点排放单位购买贫困地区林业碳汇。

（五）着力实施教育脱贫攻坚行动

以保障义务教育为核心，全面落实教育扶贫政策，进一步降低贫困地区特别是深度贫困地区、民族地区义务教育辍学率，稳步提升贫困地区义务教育质量。强化义务教育控辍保学联保联控责任，在辍学高发区"一县一策"制定工作方案，实施贫困学生台账化精准控辍，确保贫困家庭适龄学生不因贫失学辍学。全面推进贫困地区义务教育薄弱学校改造工作，重点加强乡镇寄宿制学校和乡村小规模学校建设，确保所有义务教育学校达到基本办学条件。实施好农村义务教育学生营养改善计划。在贫困地区优先实施教育信息化2.0行动计划，加强学校网络教学环境建设，共享优质教育资源。改善贫困地区乡村教师待遇，落实教师生活补助政策，均衡配置城乡教师资源。加大贫困地区教师特岗计划实施力度，深入推进义务教育阶段教师校长交流轮岗和对口帮扶工作，国培计划、公费师范生培养、中小学教师信息技术应用能力提升工程等重点支持贫困地区。鼓励通过公益捐赠等方式，设立贫困地区优秀教师奖励基金，用于表彰长期扎根基层的优秀乡村教师。健全覆盖各级各类教育的资助政策体系，学生资助政策实现应助尽助。加大贫困地区推广普及国家通用语言文字工作力度。开展民族地区学前儿童学习普通话行动。

（六）深入实施健康扶贫工程

将贫困人口全部纳入城乡居民基本医疗保险、大病保险和医疗救助保障范围。落实贫困人口参加城乡居民基本医疗保险个人缴费财政补贴政策，实施扶贫医疗救助。切实降低贫困人口就医负担，在严格费用管控、确定诊疗方案、确定单病种收费标准、规范转诊和集中定点救治的基础上，对城乡居民基本医疗保险和大病保险支付后自负费用仍有困难的患者，加大医疗救助和其他保障政策的帮扶力度。全面落实农村贫困人口县域内定点医疗机构住院治疗先诊疗后付费，在定点医院设立综合服务窗口，实现各项医疗保障政策"一站式"信息交换和即时结算。在贫困地区加快推进县乡村三级卫生服务标准化建设，确保每个贫困县建好1—2所县级公立医院（含中医院），加强贫困地区乡镇卫生院和村卫生室能力建设。深入实施医院对口帮扶，全国963家三级医院与832个贫困县的1180家县级医院结对帮扶，为贫困县医院配置远程医疗设施设备，全面建成从三级医院到县医院互联互通的远程医疗服务网络。贫困地区每个乡镇卫生院至少设立1个全科医生特岗。支持地方免费培养农村高职（专科）医学生，经助理全科医生培训合格后，补充到贫困地区村卫生室和乡镇卫生院。贫困地区可在现有编制总量内直接面向人才市场选拔录用医技人员，选拔录用时优先考虑当地医疗卫生事业紧缺人才。全面实施贫困地区县乡村医疗卫生机构一体化管理，构建三级联动的医疗服务和健康管理平台，为贫困群众提供基本健康服务。加强对贫困地区慢性病、常见病的防治，开展专项行动，降低因病致贫返贫风险。开展地方病和重大传染病攻坚行动，实施预防、筛查、治疗、康复、管理的全过程综合防治。贫困地区妇女宫颈癌、乳腺癌检查和儿童营养改善、新生儿疾病筛查项目扩大到所有贫困县。开展和规范家庭医生（乡村医生）签约服务，落实签约服务政策，优先为妇幼、老人、残疾人等重点人群开展健康服务和慢性病综合防控，做好高血压、糖尿病、结核病、严重精神障碍等慢性病规范管理。实施贫困地区健康促进三年行动计划。将脱贫攻坚与落实生育政策紧密结合，倡导优生优育，利用基层计划生育服务力量，加强出生缺陷综合防治宣传教育。

（七）加快推进农村危房改造

允许各省（自治区、直辖市）根据国务院主管部门制定的原则，结合各自实际推广简便易行的危房鉴定程序，规范对象认定程序，建立危房台账并实施精准管理，改造一户、销档一户，确保完成建档立卡贫困户等4类重点对象危房改造任务。明确农村危房改造基本安全要求，保证正常使用安全和基本使用功能。因地制宜推广农房加固改造，在危房改造任务较重的省份开展农房加固改造示范，结合地方实际推广现代生土农房等改良型传统民居，鼓励通过闲置农房置换或长期租赁等方式，兜底解决特殊贫困群体基本住房安全问题。落实各级补助资金，完善分类分级补助标准。加强补助资金使用管理和监督检查，支付给农户的资金要及时足额直接拨付到户。建立完善危房改造信息公示制度。

（八）强化综合保障性扶贫

统筹各类保障措施，建立以社会保险、社会救助、社会福利制度为主体，以社会帮扶、社工助力为辅助的综合保障体系，为完全丧失劳动能力和部分丧失劳动能力且无法依靠产业就业帮扶脱贫的贫困人口提供兜底保障。完善城乡居民基本养老保险制度，对符合条件的贫困人口由地方政府代缴城乡居民养老保险费。继续实施社会服务兜底工程，加快建设为老年人、残疾人、精神障碍患者等特殊群体提供服务的设施。鼓励各地通过互助养老、设立孝善基金等途径，创新家庭养老方式。加快建立贫困家庭"三留守"关爱服务体系，落实家庭赡养、监护照料法定义务，探索建立信息台账和定期探访制度。完善农村低保制度，健全低保对象认定方法，将完全丧失劳动能力和部分丧失劳动能力且无法依靠产业就业帮扶脱贫的贫困人口纳入低保范围。对地广人稀的贫困地区适度降低国家救灾应急响应启动条件。加大临时救助力度，及时将符合条件的返贫人口纳入救助范围。

（九）开展贫困残疾人脱贫行动

将符合条件的建档立卡贫困残疾人纳入农村低保和城乡医疗救助范围。完善困难残疾人生活补贴和重度残疾人护理补贴制度，有条件的地方逐步扩大政策覆盖面。深入实施"福康工程"等残疾人精准康复服务项目，优先为贫困家庭有康复需求的残疾人提供基本康复服务和辅助器具适配服务。对16周岁以上有长期照料护理需求的贫困重度残疾人，符合特困人员救助供养条件的纳入特困人员救助供养；不符合救助供养条件的，鼓励地方通过政府补贴、购买服务、设立公益岗位、集中托养等多种方式，为贫困重度残疾人提供集中照料或日间照料、邻里照护服务。逐步推进农村贫困重度残疾人家庭无障碍改造。实施第二期特殊教育提升计划，帮助贫困家庭残疾儿童多种形式接受义务教育，加快发展非义务教育阶段特殊教育。资产收益扶贫项目要优先安排贫困残疾人家庭。

（十）开展扶贫扶志行动

加强教育引导，开展扶志教育活动，创办脱贫攻坚"农民夜校""讲习所"等，加强思想、文化、道德、法律、感恩教育，弘扬自尊、自爱、自强精神，防止政策养懒汉、助长不劳而获和"等、靠、要"等不良习气。加大以工代赈实施力度，动员更多贫困群众投工投劳。推广以表现换积分、以积分换物品的"爱心公益超市"等自助式帮扶做法，实现社会爱心捐赠与贫困群众个性化需求的精准对接。鼓励各地总结推广脱贫典型，宣传表彰自强不息、自力更生脱贫致富的先进事迹和先进典型，用身边人身边事示范带动贫困群众。大力开展移风易俗活动，选树一批文明村镇和星级文明户，推广"星级评比"等做法，引导贫困村修订完善村规民约，发挥村民议事会、道德评议会、红白理事会、禁毒禁赌会等群众组织作用，坚持自治、法治、德治相结合，教育引导贫困群众弘扬传统美德、树立文明新风。加强对高额彩礼、薄养厚葬、子女不赡养老人等问题的专项治理。深入推进文化扶贫工作，提升贫困群众的公共文化服务获得感。把扶贫领域诚信纳入国家信用监管体系，将不履行赡养义务、虚报冒领扶贫资金、严重违反公序良俗等行为人列入失信人员名单。

四、加快补齐贫困地区基础设施短板

（一）加快实施交通扶贫行动

在贫困地区加快建成外通内联、通村畅乡、客车到村、安全便捷的交通运输网络。尽快实现具备条件的乡镇、建制村通硬化路。以示范县为载体，推进贫困地区"四好农村路"建设。扩大农村客运覆盖范围，到2020年实现具备条件的建制村通客车目标。加快贫困地区农村公路安全生命防护工程建设，基本完成乡道及以上行政等级公路安全隐患治理。推进窄路基路面农村公路合理加宽改造和危桥改造。改造建设一批贫困乡村旅游路、产业路、资源路，优先改善自然人文、少数民族特色村寨和风情小镇等旅游景点景区交通设施。加大成品油税费改革转移支付用于贫困地区农村公路养护力度。推进国家铁路网、国家高速公路网连接贫困地区项目建设，加快贫困地区普通国省道改造和支线机场、通用机场、内河航道建设。

（二）大力推进水利扶贫行动

加快实施贫困地区农村饮水安全巩固提升工程，落实工程建设和管护责任，强化水源保护和水质保障，因地制宜加强供水工程建设与改造，显著提高农村集中供水率、自来水普及率、供水保证率和水质达标率，到2020年全面解决贫困人口饮水安全问题。加快贫困地区大中型灌区续建配套与节水改造、小型农田水利工程建设，实现灌溉水源、灌排骨干工程与田间工程协调配套。切实加强贫困地区防洪工程建设和运行管理。继续推进贫困地区水土保持和水生态建设工程。

（三）大力实施电力和网络扶贫行动

实施贫困地区农网改造升级，加强电力基础设施建设，建立贫困地区电力普遍服务监测评价体系，引导电网企业做好贫困地区农村电力建设管理和供电服务，到2020年实现大电网延伸覆盖至全部县城。大力推进贫困地区农村可再生能源开发利用。

深入实施网络扶贫行动，统筹推进网络覆盖、农村电商、网络扶智、信息服务、网络公益5大工程向纵深发展，创新"互联网+"扶贫模式。完善电信普遍服务补偿机制，引导基础电信企业加大投资力度，实现90%以上贫困村宽带网络覆盖。鼓励基础电信企业针对贫困地区和贫困群众推出资费优惠举措，鼓励企业开发有助精准脱贫的移动应用软件、智能终端。

（四）大力推进贫困地区农村人居环境整治

开展贫困地区农村人居环境整治三年行动，因地制宜确定贫困地区村庄人居环境整治目标，重点推进农村生活垃圾治理、卫生厕所改造。开展贫困地区农村生活垃圾治理专项行动，有条件的地方探索建立村庄保洁制度。因地制宜普及不同类型的卫生厕所，同步开展厕所粪污治理。有条件的地方逐步开展生活污水治理。加快推进通村组道路建设，基本解决村内道路泥泞、村民出行不便等问题。

五、加强精准脱贫攻坚行动支撑保障

（一）强化财政投入保障

坚持增加政府扶贫投入与提高资金使用效益并重，健全与脱贫攻坚任务相适应的投入保障机制，支持贫困地区围绕现行脱贫目标，尽快补齐脱贫攻坚短板。加大财政专项扶贫资金和教育、医疗保障等转移支付支持力度。规范扶贫领域融资，增强扶贫投入能力，疏堵并举防范化解扶贫领域融资风险。进一步加强资金整合，赋予贫困县更充分的资源配置权，确保整合资金围绕脱贫攻坚项目精准使用，提高使用效率和效益。全面加强各类扶贫资金项目绩效管理，落实资金使用者的绩效主体责任，明确绩效目标，加强执行监控，强化评价结果运用，提高扶贫资金使用效益。建立县级脱贫攻坚项目库，健全公告公示制度。加强扶贫资金项目常态化监管，强化主管部门监管责任，确保扶贫资金尤其是到户到人的资金落到实处。

（二）加大金融扶贫支持力度

加强扶贫再贷款使用管理，优化运用扶贫再贷款发放贷款定价机制，引导金融机构合理合规增加对带动贫困户就业的企业和贫困户生产经营的信贷投放。加强金融精准扶贫服务。支持国家开发银行和中国农业发展银行进一步发挥好扶贫金融事业部的作用，支持中国农业银行、中国邮政储蓄银行、农村信用社、村镇银行等金融机构增加扶贫信贷投放，推动大中型商业银行完善普惠金融事业部体制机制。创新产业扶贫信贷产品和模式，建立健全金融支持产业发展与带动贫困户脱贫的挂钩机制和扶持政策。规范扶贫小额信贷发放，在风险可控前提下可办理无还本续贷业务，对确因非主观因素不能到期偿还贷款的贫困户可协助其办理贷款展期业务。加强扶贫信贷风险防范，支持贫困地区完善风险补偿机制。推进贫困地区信用体系建设。支持贫困地区金融服务站建设，推广电子支付方式，逐步实现基础金融服务不出村。支持贫困地区开发特色农业险种，开展扶贫小额贷款保证保险等业务，探索发展价格保险、产值保险、"保险+期货"等新型险种。扩大贫困地区涉农保险保障范围，开发物流仓储、设施农业、"互联网+"等险种。鼓励上市公司、证券公司等市场主体依法依规设立或参与市场化运作的贫困地区产业投资基金和扶贫公益基金。贫困地区企业首次公开发行股票、在全国中小企业股份转让系统挂牌、发行公司债券等按规定实行"绿色通道"政策。

（三）加强土地政策支持

支持贫困地区编制村级土地利用规划，挖掘土地优化利用脱贫的潜力。贫困地区建设用地符合土地利用总体规划修改条件的，按规定及时审查批复。新增建设用地计划、增减挂钩节余指标调剂计划、工矿废弃地复垦利用计划向贫困地区倾斜。脱贫攻坚期内，国家每年对集中连片特困地区、国家扶贫开发工作重点县专项安排一定数量新增建设用地计划。贫困地区建设用地增减挂钩节余指标和工矿废弃地复垦利用节余指标，允许在省域内调剂使用。建立土地整治和高标准农田建设等新增耕地指标跨省域调剂机制。贫困地区符合条件的补充和改造耕地项目，优先用于跨省域补充耕地国家统筹，所得收益通过支出预算用于支持脱贫攻坚。优先安排贫困地区土地整治项目和高标准农田建设补助资金，指导和督促贫困地区完善县级土地整治规划。

（四）实施人才和科技扶贫计划

深入实施边远贫困地区、边疆民族地区、革命老区人才支持计划，扩大急需紧缺专业技术人才选派培养规模。贫困地区在县乡公务员考试录用中，从大学生村官、"三支一扶"等人员中定向招录公务员，从贫困地区优秀村干部中招录乡镇公务员。

动员全社会科技力量投入脱贫攻坚主战场，开展科技精准帮扶行动。以县为单位建立产业扶贫技术专家组，各类涉农院校和科研院所组建产业扶贫技术团队，重点为贫困村、贫困户提供技术服务。支持有条件的贫困县建设农业科技园和星创天地等载体，展示和推广农业先进科技成果。在贫困地区全面实施农技推广特聘计划，从农村乡土专家、种养能手等一线服务人员招聘一批特聘农技员，由县级政府聘为贫困村科技扶贫带头人。加强贫困村创业致富带头人培育培养，提升创业项目带贫减贫效果。建立科技特派员与贫困村结对服务关系，实现科技特派员对贫困村科技服务和创业带动全覆盖。

六、动员全社会力量参与脱贫攻坚

（一）加大东西部扶贫协作和对口支援力度

把人才支持、市场对接、劳务协作、资金支持等作为协作重点，深化东西部扶贫协作，推进携手奔小康行动贫困县全覆盖，并向贫困村延伸。强化东西部扶贫协作责任落实，加强组织协调、工作指导和督导检查，建立扶贫协作台账制度，每年对账考核。优化结对协作关系，实化细化县之间、乡镇之间、行政村之间结对帮扶措施，推广"闽宁示范村"模式。突出产业帮扶，鼓励合作建设承接产业转移的基地，引导企业精准结对帮扶。突出劳务协作，有组织地开展人岗对接，提高协作规模和质量。突出人才支援，加大力度推进干部双向挂职、人才双向交流，提高干部人才支持和培训培养精准性。突出资金支持，切实加强资金监管，确保东西部扶贫协作资金精准使用。将帮扶贫困残疾人脱贫纳入东西部扶贫协作范围。

实施好"十三五"对口支援新疆、西藏和四省藏区经济社会发展规划，严格落实中央确定的80%以上资金用于保障和改善民生、用于县及县以下基层的要求，进一步聚焦脱贫攻坚的重点和难点，确保更多资金、项目和工作精力投向贫困人口。

（二）深入开展定点扶贫工作

落实定点扶贫工作责任，把定点扶贫县脱贫工作纳入本单位工作重点，加强工作力量，出台具体帮扶措施。定点扶贫单位主要负责同志要承担第一责任人职责，定期研究帮扶工作。强化定点扶贫牵头单位责任。加强对定点扶贫县脱贫攻坚工作指导，督促落实脱贫主体责任。把定点扶贫县作为转变作风、调查研究的基地，通过解剖麻雀，总结定点扶贫县脱贫经验，完善本部门扶贫政策，推动脱贫攻坚工作。选派优秀中青年干部、后备干部到贫困地区挂职，落实艰苦地区挂职干部生活补助政策。

（三）扎实做好军队帮扶工作

加强军地脱贫攻坚工作协调，驻地部队要积极承担帮扶任务，参与扶贫行动，广泛开展扶贫济困活动。接续做好"八一爱民学校"援建工作,组织开展多种形式的结对助学活动。组织军队系统医院对口帮扶贫困县县级医院,深入贫困村送医送药、巡诊治病。帮助革命老区加强红色资源开发,培育壮大红色旅游产业,带动贫困人口脱贫。帮助培育退役军人和民兵预备役人员脱贫致富带头人。

(四)激励各类企业、社会组织扶贫

落实国有企业精准扶贫责任,通过发展产业、对接市场、安置就业等多种方式帮助贫困户脱贫。深入推进"万企帮万村"精准扶贫行动,引导民营企业积极开展产业扶贫、就业扶贫、公益扶贫,鼓励有条件的大型民营企业通过设立扶贫产业投资基金等方式参与脱贫攻坚。持续开展"光彩行"活动,提高精准扶贫成效。

支持社会组织参与脱贫攻坚,加快建立社会组织帮扶项目与贫困地区需求信息对接机制,确保贫困人口发展需求与社会帮扶有效对接。鼓励引导社会各界使用贫困地区产品和服务,推动贫困地区和贫困户融入大市场。实施全国性社会组织参与"三区三州"深度贫困地区脱贫攻坚行动。实施社会工作"专业人才服务三区计划"、"服务机构牵手计划"、"教育对口扶贫计划",为贫困人口提供生计发展、能力提升、心理支持等专业服务。加强对社会组织扶贫的引导和管理,优化环境、整合力量、创新方式,提高扶贫效能。落实社会扶贫资金所得税税前扣除政策。

(五)大力开展扶贫志愿服务活动

动员组织各类志愿服务团队、社会各界爱心人士开展扶贫志愿服务。实施社会工作专业人才服务贫困地区系列行动计划,支持引导专业社会工作和志愿服务力量积极参与精准扶贫。推进扶贫志愿服务制度化,建立扶贫志愿服务人员库,鼓励国家机关、企事业单位、人民团体、社会组织等组建常态化、专业化服务团队。制定落实扶贫志愿服务支持政策。

七、夯实精准扶贫精准脱贫基础性工作

(一)强化扶贫信息的精准和共享

进一步加强建档立卡工作,提高精准识别质量,完善动态管理机制,做

到"脱贫即出、返贫即入"。剔除不合条件的人口，及时纳入符合条件但遗漏在外的贫困人口和返贫人口，确保应扶尽扶。抓紧完善扶贫开发大数据平台，通过端口对接、数据交换等方式，实现户籍、教育、健康、就业、社会保险、住房、银行、农村低保、残疾人等信息与贫困人口建档立卡信息有效对接。完善贫困人口统计监测体系，为脱贫攻坚提供科学依据。加强贫困人口建档立卡数据和农村贫困统计监测数据衔接，逐步形成指标统一、项目规范的贫困监测体系。强化扶贫开发大数据平台共享使用，拓展扶贫数据系统服务功能，为脱贫攻坚决策和工作指导等提供可靠手段和支撑。建立脱贫成效巩固提升监测机制，对脱贫户实施跟踪和动态监测，及时了解其生产生活情况。按照国家信息安全标准构建扶贫开发信息安全防护体系，确保系统和数据安全。开展建档立卡专项评估检查。

（二）健全贫困退出机制

严格执行贫困退出标准和程序，规范贫困县、贫困村、贫困人口退出组织实施工作。指导地方修订完善扶贫工作考核评估指标和贫困县验收指标，对超出"两不愁、三保障"标准的指标，予以剔除或不作为硬性指标，取消行业部门与扶贫无关的搭车任务。改进贫困县退出专项评估检查，由各省（自治区、直辖市）统一组织，因地制宜制定符合贫困地区实际的检查方案，并对退出贫困县的质量负责。中央结合脱贫攻坚督查巡查工作，对贫困县退出进行抽查。脱贫攻坚期内扶贫政策保持稳定，贫困县、贫困村、贫困户退出后，相关政策保持一段时间。

（三）开展国家脱贫攻坚普查

2020年至2021年年初对脱贫摘帽县进行一次普查，全面了解贫困人口脱贫实现情况。普查工作由国务院统一部署实施，重点围绕脱贫结果的真实性和准确性，调查贫困人口"两不愁、三保障"实现情况、获得帮扶情况、贫困人口参与脱贫攻坚项目情况等。地方各级党委和政府要认真配合做好普查工作。

八、加强和改善党对脱贫攻坚工作的领导

（一）进一步落实脱贫攻坚责任制

强化中央统筹、省负总责、市县抓落实的工作机制。中央统筹，重在做好顶层设计，在政策、资金等方面为地方创造条件，加强脱贫效果监管；省负总责，重在把党中央大政方针转化为实施方案，加强指导和督导，促进工作落实；市县抓落实，重在从当地实际出发推动脱贫攻坚各项政策措施落地生根。各级党委和政府要把打赢脱贫攻坚战作为重大政治任务，增强政治担当、责任担当和行动自觉，层层传导压力，建立落实台账，压实脱贫责任，加大问责问效力度。健全脱贫攻坚工作机制，脱贫攻坚任务重的省（自治区、直辖市）党委和政府每季度至少专题研究一次脱贫攻坚工作，贫困县党委和政府每月至少专题研究一次脱贫攻坚工作。贫困县党政正职每个月至少要有5个工作日用于扶贫。实施五级书记遍访贫困对象行动，省（自治区、直辖市）党委书记遍访贫困县，市（地、州、盟）党委书记遍访脱贫攻坚任务重的乡镇，县（市、区、旗）党委书记遍访贫困村，乡镇党委书记和村党组织书记遍访贫困户。以遍访贫困对象行动带头转变作风，接地气、查实情，了解贫困群体实际需求，掌握第一手资料，发现突出矛盾，解决突出问题。

（二）压实中央部门扶贫责任

党中央、国务院各相关部门单位要按照中央脱贫攻坚系列重大决策部署要求制定完善配套政策举措，实化细化三年行动方案，并抓好组织实施工作。国务院扶贫开发领导小组要分解落实各地区脱贫目标任务，实化细化脱贫具体举措，分解到年、落实到人。国务院扶贫开发领导小组成员单位每年向中央报告本部门本单位脱贫攻坚工作情况。脱贫攻坚期内，国务院扶贫开发领导小组成员以及部门扶贫干部、定点扶贫干部要按政策规定保持稳定，不能胜任的要及时调整。

（三）完善脱贫攻坚考核监督评估机制

进一步完善扶贫考核评估工作，充分体现省负总责原则，切实解决基层疲于迎评迎检问题。改进对省级党委和政府扶贫开发工作成效第三方评估方

式，缩小范围，简化程序，精简内容，重点评估"两不愁、三保障"实现情况，提高考核评估质量和水平。改进省市两级对县及县以下扶贫工作考核，原则上每年对县的考核不超过2次，加强对县委书记的工作考核，注重发挥考核的正向激励作用。未经省里批准，市级以下不得开展第三方评估。改进约谈省级领导的方式，开展常态化约谈，随时发现问题随时约谈。完善监督机制，国务院扶贫开发领导小组每年组织脱贫攻坚督查巡查，纪检监察机关和审计、扶贫等部门按照职能开展监督工作。充分发挥人大、政协、民主党派监督作用。

（四）建强贫困村党组织

深入推进抓党建促脱贫攻坚，全面强化贫困地区农村基层党组织领导核心地位，切实提升贫困村党组织的组织力。防止封建家族势力、地方黑恶势力、违法违规宗教活动侵蚀基层政权，干扰破坏村务。大力整顿贫困村软弱涣散党组织，以县为单位组织摸排，逐村分析研判，坚决撤换不胜任、不合格、不尽职的村党组织书记。重点从外出务工经商创业人员、大学生村官、本村致富能手中选配，本村没有合适人员的，从县乡机关公职人员中派任。建立健全回引本土大学生、高校培养培训、县乡统筹招聘机制，为每个贫困村储备1至2名后备干部。加大在贫困村青年农民、外出务工青年中发展党员力度。支持党员创办领办脱贫致富项目，完善贫困村党员结对帮扶机制。全面落实贫困村"两委"联席会议、"四议两公开"和村务监督等工作制度。派强用好第一书记和驻村工作队，从县以上党政机关选派过硬的优秀干部参加驻村帮扶。加强考核和工作指导，对不适应的及时召回调整。派出单位要严格落实项目、资金、责任捆绑要求，加大保障支持力度。强化贫困地区农村基层党建工作责任落实，将抓党建促脱贫攻坚情况作为县乡党委书记抓基层党建工作述职评议考核的重点内容。对不够重视贫困村党组织建设、措施不力的地方，上级党组织要及时约谈提醒相关责任人，后果严重的要问责追责。

（五）培养锻炼过硬的脱贫攻坚干部队伍

保持贫困县党政正职稳定，确需调整的，必须符合中央规定，对于不能胜任的要及时撤换，对于弄虚作假的要坚决问责。实施全国脱贫攻坚全面培训，落实分级培训责任，保证贫困地区主要负责同志和扶贫系统干部轮训一遍。

对县级以上领导干部，重点是通过培训提高思想认识，引导树立正确政绩观，掌握精准脱贫方法论，提升研究攻坚问题、解决攻坚难题能力。对基层干部，重点是通过采取案例教学、现场教学等实战培训方法，提高实战能力，增强精准扶贫工作本领。加大对贫困村干部培训力度，每年对村党组织书记集中轮训一次，突出需求导向和实战化训练，着重提高落实党的扶贫政策、团结带领贫困群众脱贫致富的本领。加强对扶贫挂职干部跟踪管理和具体指导，采取"挂包结合"等方式，落实保障支持措施，激励干部人在心在、履职尽责。加强对脱贫一线干部的关爱激励，注重在脱贫攻坚一线考察识别干部，对如期完成任务且表现突出的贫困县党政正职应予以重用，对在脱贫攻坚中工作出色、表现优秀的扶贫干部、基层干部注重提拔使用。对奋战在脱贫攻坚一线的县乡干部要落实好津补贴、周转房等政策，改善工作条件。对在脱贫攻坚中因公牺牲的干部和基层党员的家属及时给予抚恤，长期帮扶慰问。全面落实贫困村干部报酬待遇和正常离任村干部生活补贴。

（六）营造良好舆论氛围

深入宣传习近平总书记关于扶贫工作的重要论述，宣传党中央关于精准扶贫精准脱贫的重大决策部署，宣传脱贫攻坚典型经验，宣传脱贫攻坚取得的伟大成就，为打赢脱贫攻坚战注入强大精神动力。组织广播电视、报纸杂志等媒体推出一批脱贫攻坚重点新闻报道。积极利用网站、微博、微信、移动客户端等新媒体平台开展宣传推广。推出一批反映扶贫脱贫感人事迹的优秀文艺作品，加大扶贫题材文化产品和服务的供给。继续开展全国脱贫攻坚奖和全国脱贫攻坚模范评选表彰，选树脱贫攻坚先进典型。按程序设立脱贫攻坚组织创新奖，鼓励各地从实际出发开展脱贫攻坚工作创新。每年组织报告团，分区域巡回宣讲脱贫先进典型。讲好中国脱贫攻坚故事，反映中国为全球减贫事业作出的重大贡献。加强减贫领域国际交流与合作，帮助受援国建好国际扶贫示范村，为全球减贫事业贡献中国方案。适时对脱贫攻坚精神进行总结。

（七）开展扶贫领域腐败和作风问题专项治理

把作风建设贯穿脱贫攻坚全过程，集中力量解决扶贫领域"四个意识"

不强、责任落实不到位、工作措施不精准、资金管理使用不规范、工作作风不扎实、考核评估不严不实等突出问题，确保取得明显成效。改进调查研究，深入基层、深入群众，多层次、多方位、多渠道调查了解实际情况，注重发现并解决问题，力戒"走过场"。注重工作实效，减轻基层工作负担，减少村级填表报数，精简会议文件，让基层干部把精力放在办实事上。严格扶贫资金审计，加强扶贫事务公开。严肃查处贪污挪用、截留私分、虚报冒领、强占掠夺等行为。依纪依法坚决查处贯彻党中央脱贫攻坚决策部署不坚决不到位、弄虚作假问题，主体责任、监督责任和职能部门监管职责不落实问题，坚决纠正脱贫攻坚工作中的形式主义、官僚主义。把扶贫领域腐败和作风问题作为巡视巡察工作重点。中央巡视机构组织开展扶贫领域专项巡视。加强警示教育工作，集中曝光各级纪检监察机关查处的扶贫领域典型案例。

（八）做好脱贫攻坚风险防范工作

防范产业扶贫市场风险，防止产业项目盲目跟风、一刀切导致失败造成损失，各地要对扶贫主导产业面临的技术和市场等风险进行评估，制定防范和处置风险的应对措施。防范扶贫小额贷款还贷风险，纠正户贷企用、违规用款等问题。防范加重地方政府债务风险，防止地方政府以脱贫攻坚名义盲目举债，防止金融机构借支持脱贫攻坚名义违法违规提供融资，坚决遏制地方政府隐性债务增量。

（九）统筹衔接脱贫攻坚与乡村振兴

脱贫攻坚期内，贫困地区乡村振兴主要任务是脱贫攻坚。乡村振兴相关支持政策要优先向贫困地区倾斜，补齐基础设施和基本公共服务短板，以乡村振兴巩固脱贫成果。抓紧研究制定2020年后减贫战略。研究推进扶贫开发立法。

中共中央组织部、国务院扶贫办关于聚焦打好精准脱贫攻坚战加强干部教育培训的意见

(2018年4月2日)

为全面贯彻党的十九大和十九届二中、三中全会精神，深入贯彻习近平总书记扶贫开发战略思想和党中央脱贫攻坚决策部署，培养造就一支懂扶贫、会帮扶、作风硬的扶贫干部队伍，现就聚焦打好精准脱贫攻坚战加强干部教育培训提出如下意见。

一、以深入学习贯彻习近平总书记扶贫开发战略思想为中心内容，全面加强精准扶贫精准脱贫教育培训

坚持服务脱贫攻坚大局，突出学习贯彻习近平总书记扶贫开发战略思想这个重中之重，加强脱贫攻坚方针政策、工作方法等培训，注重作风教育，帮助扶贫干部切实增强"四个意识"、提高工作能力、培育优良作风。

(一)学习习近平总书记扶贫开发战略思想

把习近平新时代中国特色社会主义思想特别是扶贫开发战略思想作为扶贫干部教育培训中心内容，组织干部原原本本研读习近平总书记在中央扶贫开发工作会议和东西部扶贫协作座谈会、深度贫困地区脱贫攻坚座谈会、打好精准脱贫攻坚战座谈会等会议上的重要讲话，学习习近平总书记关于扶贫开发的一系列重要指示批示精神和干部担当作为等重要论述，深刻领会和准确把握蕴含其中的精神实质、丰富内涵、思想方法、实践要求等，教育引导干部深刻认识打好精准脱贫攻坚战的重大意义，切实增强责任感使命感，坚

定信心，明确方向，自觉用习近平总书记扶贫开发战略思想武装头脑、指导实践、推动工作。

（二）学习脱贫攻坚方针政策

深入学习领会党的十八大以来党中央关于脱贫攻坚的方针政策和党的十九大关于脱贫攻坚、实施乡村振兴战略等新部署新要求，准确把握脱贫攻坚面临的新形势新任务，准确把握脱贫攻坚取得的重大进展和贫困分布、贫困结构、攻坚重点等发生的重要变化，准确把握脱贫攻坚目标标准、基本原则、政策举措、重点工作等，准确把握产业扶贫、就业扶贫、金融扶贫、健康扶贫、社保扶贫等政策措施，确保党中央的各项部署要求落到实处。

（三）学习精准扶贫精准脱贫工作方法

重点围绕扶持谁、谁来扶、怎么扶、如何退"四个问题"，实现扶持对象、项目安排、资金使用、措施到户、因村派人（第一书记）、脱贫成效等"六个精准"，实施发展生产脱贫一批、易地搬迁脱贫一批、生态补偿脱贫一批、发展教育脱贫一批、社会保障兜底一批等"五个一批"，组织开展专题培训，帮助干部掌握精准扶贫精准脱贫方法，掌握扶贫工作新知识新技能，掌握开展群众工作的具体方法，学习交流各地区各部门在脱贫攻坚中形成的好做法好经验，补齐脱贫攻坚能力短板。

（四）加强扶贫领域作风教育

强化党的宗旨和优良作风教育，引导干部坚持以人民为中心的发展思想，牢固树立正确政绩观，弘扬艰苦奋斗精神，大兴求真务实之风，扶真贫、真扶贫，让贫困群众在脱贫中有实实在在的获得感。强化反"四风"教育，引导干部坚决克服和自觉抵制扶贫领域存在的形式主义、官僚主义等作风问题。加强法律法规学习培训，开展扶贫领域正反面典型教育，引导干部见贤思齐、筑牢思想防线。针对扶贫任务重、干部压力大的实际，注意开展心理调试方面的培训。

二、坚持分类分级，扎实开展扶贫干部教育培训工作

立足扶贫干部不同岗位职责设置不同培训内容，根据脱贫攻坚工作机制

和干部管理权限，分类分级组织实施，实现扶贫干部全员培训、精准培训。

（一）地方党政领导干部

围绕提高思想认识，树立正确政绩观，掌握精准脱贫方法，培养研究攻坚问题、解决攻坚难题能力等，加强对各省（区、市）分管负责同志和有脱贫攻坚任务的市县两级党政主要负责同志、分管负责同志的教育培训。中央组织部会同国务院扶贫办安排各省（区、市）和新疆生产建设兵团分管负责同志、脱贫攻坚任务重的市（地、州、盟）党政主要负责同志参加专题培训，2019年年底前完成对832个贫困县（市、区、旗）党政正职的专题培训。有关省（区、市）党委组织部、扶贫部门要在2019年年底前把有脱贫攻坚任务的市县两级党政分管负责同志培训一遍，其中脱贫攻坚任务重的市（地、州、盟）、贫困县（市、区、旗）党政分管负责同志每年参加1次专题培训；每年安排不少于200名基层扶贫干部特别是有脱贫攻坚任务的乡镇党政正职到省级干部教育培训机构参加示范培训。有关市（地、州、盟）党委组织部、扶贫部门要在2019年年底前完成对有脱贫攻坚任务的乡镇党政领导班子成员的轮训。

（二）部门行业干部

围绕更好履行行业扶贫职责、运用行业资源推进脱贫攻坚等，加强对各级扶贫开发领导小组成员单位和有脱贫攻坚任务的其他部门扶贫干部的教育培训。中央组织部和国务院扶贫办定期安排国务院扶贫开发领导小组成员、联络员参加专题培训。有脱贫攻坚任务的省市县党委组织部、扶贫部门要加强对本级扶贫开发领导小组成员的培训。各级扶贫开发领导小组成员单位和有脱贫攻坚任务的其他部门要在2019年年底前把本部门本系统扶贫干部培训一遍。

（三）扶贫系统干部

围绕当好党委和政府参谋助手、发挥统筹协调作用、落实专项扶贫任务等，加强对各级扶贫部门、经合办（对口办）机关及所属单位干部的教育培训。国务院扶贫办每年安排2400名左右省（区、市）扶贫办、经合办（对口办）负责同志、机关所属单位干部、各级扶贫系统干部参加专题培训。地方各级扶贫部门要加强本部门干部教育培训。

（四）帮扶干部

围绕掌握脱贫攻坚政策举措、运用精准帮扶方式方法、提高帮扶工作水平等，加强对携手奔小康结对县（市、区、旗）党政负责同志、东西部扶贫协作挂职干部、定点扶贫挂职干部和西部地区、老工业基地、革命老区挂职干部，有帮扶任务的企业业务负责人、参与扶贫的社会组织和非公有制经济组织业务负责人的教育培训。中央组织部、国务院扶贫办每年安排300名左右携手奔小康结对县（市、区、旗）党政负责同志参加示范培训。国务院扶贫办对东西部扶贫协作挂职干部开展轮训，中央单位定点扶贫牵头部门对中央单位定点扶贫挂职干部开展轮训。国务院扶贫办会同有关部门每年安排参与扶贫的有关社会组织、非公有制经济组织业务负责人等参加示范培训，国务院扶贫办、全国工商联对跨省帮扶的大中型企业业务负责人开展轮训。有脱贫攻坚任务的省市县党委组织部、扶贫部门和相关部门要按照干部管理权限，2019年年底前把帮扶干部培训一遍。

（五）贫困村干部

围绕提高抓党建促脱贫攻坚、落实脱贫政策举措、带领群众脱贫致富等实际工作能力，加强对贫困村党组织书记、第一书记、"两委"成员、驻村干部、大学生村官等的教育培训。中央组织部帮助培训1万名边疆民族地区和革命老区村党组织书记，督导相关省（区、市）抓好10.6万名边疆民族地区和革命老区村党组织书记轮训，并会同有关部门每年安排1万名左右贫困地区村党组织书记、村委会主任、"两委"成员、大学生村官参加农村实用人才带头人示范培训。有脱贫攻坚任务的县（市、区、旗）党委组织部、扶贫部门每年至少组织1次贫困村党组织书记、村委会主任和第一书记轮训，统筹抓好贫困村"两委"成员、驻村干部、集体经济组织负责人、致富带头人、实用人才等教育培训。省市两级要搞好示范培训。

三、充分调动各方面优质培训资源，为加强扶贫干部教育培训提供坚实保障

坚持协同发力、开放共享，加强统筹整合，夯实基层基础，推动优质培

训资源向脱贫攻坚聚焦、向贫困地区倾斜。

（一）充分发挥各级各类干部教育培训机构作用

各级党校、行政学院、干部学院要坚持把打好精准脱贫攻坚战作为重要培训内容，纳入教学布局。省级以上干部教育培训机构要加大对贫困地区干部和基层党校师资培训力度，畅通优质师资共享渠道，定期开展送教下基层活动。注重邀请脱贫攻坚工作一线特别是已经脱贫地区的干部为扶贫干部培训授课。组织力量开发精准扶贫精准脱贫培训课程和教材。

（二）调动各方力量参与组织培训

各部门各单位和行业系统的培训机构要发挥资源优势，积极服务扶贫干部教育培训。帮扶地区要按照党中央关于东西部扶贫协作和对口支援的安排，采取请进来、送出去等方式，加强对被帮扶地区干部特别是基层干部、贫困村致富带头人的培训。鼓励高等学校、职业院校、农广校参与扶贫干部培训。

（三）创新培训方式方法

进一步丰富培训形式，多采用案例教学、现场教学、体验教学等实战培训方式，培育一批现场教学点，让扶贫干部在战斗中学会战斗。注重创造条件，有计划地组织贫困地区干部到发达地区和已经脱贫地区学习培训。组织开展网上培训，注意运用微信、微博、手机客户端开展学习培训。办好新时代农民讲习所、农民夜校等。

四、强化组织实施，确保扶贫干部教育培训任务落到实处

各地区各部门各单位要高度重视，把扶贫干部教育培训工作摆在突出位置，加强工作指导，强化督促检查，狠抓工作落实。

（一）严格落实责任

中央组织部、国务院扶贫办负责扶贫干部教育培训宏观指导、统筹协调、督促检查。地方各级组织部门、扶贫部门和扶贫开发领导小组成员单位要加强沟通配合，统筹组织实施。要加大各级财政对扶贫干部教育培训支持力度，确保经费安排适应扶贫干部培训需要。

（二）注重培训实效

突出问题导向、实践导向，紧扣脱贫攻坚中心任务和贫困地区发展需要，有针对性地设计培训专题和课程，防止为培训而培训。坚持从实际出发，因地制宜，合理确定培训规模、学制、方式、师资等，不搞"大呼隆""一刀切"。抓好培训质量管理，注重质量评估，强化评估结果运用。加强统筹、科学安排，处理好工学矛盾，避避免多头调训、重复培训、频繁参训。每名扶贫干部参加培训原则上一年内不超过 2 次，每次培训时间原则上不超过 10 天。扶贫干部集中培训一般在 2019 年年底前完成。

（三）坚持从严管理

贯彻落实全面从严治党要求，严格执行有关纪律规定，坚决防止借培训名义搞不正之风。弘扬理论联系实际的优良学风，教育学员把学习培训和脱贫攻坚结合起来，切实做到学以致用。加强考核评价，把开展扶贫干部教育培训情况作为领导班子考核的重要内容。

（四）建立长效机制

在脱贫攻坚期内摘帽的贫困县，要结合实际继续加强干部教育培训，不断巩固脱贫攻坚成果。2020 年脱贫攻坚任务完成后，各地区各部门各单位要根据新形势新要求，持续抓好相对贫困地区干部教育培训。

中央组织部、国务院扶贫办适时组织开展扶贫干部教育培训情况专项督查。

后　记

党的十八大之后，以习近平同志为核心的党中央把贫困人口脱贫作为全面建成小康社会的底线任务和标志性指标，作出一系列重大部署。习近平总书记亲自部署、亲自挂帅、亲自出征、亲自督战，以前所未有的力度推进。经过全党全社会共同努力，脱贫攻坚取得决定性进展，5年平均每年减少贫困人口1370万，贫困县摘帽150多个，贫困地区群众生产生活条件明显改善，贫困群众收入水平明显提高，获得感明显增强，全社会合力攻坚局面基本形成，中国特色的脱贫攻坚制度体系不断完善。

党的十九大以来，党中央把精准脱贫作为决胜全面建成小康社会的三大攻坚战之一，继续响鼓重锤、高位推进。2018年2月12日，习近平总书记在打好精准脱贫攻坚战座谈会上发表重要讲话，对扶贫干部教育培训工作作出重要指示。总书记指出，"打好脱贫攻坚战，关键在人，在人的观念、能力、干劲"，"贫困地区最缺的是人才"。"今年，要突出抓好各级扶贫干部学习培训工作"。中央组织部、国务院扶贫办认真贯彻落实总书记重要指示精神，联合印发《关于聚焦打好精准脱贫攻坚战　加强干部教育培训的意见》，全面部署对贫困地区党政干部、部门行业领导干部、扶贫系统干部、帮扶干部、贫困村干部进行分类分级培训，实现全员培训、精准培训。地方各级党委、政府及组织、扶贫部门，加强统筹谋划，加大工作力度，加快推进速度，增强针对性、实效性，开创了扶贫干部教育培训工作的崭新局面。据统计，2018年上半年，28个省（自治区、直辖市）和新疆生产建设兵团共组织开展各类脱贫攻坚培训8737期、培训384.7万人次。

2018年8月，中央组织部、国务院扶贫办分别召开东、中、西部省（自治区、直辖市）脱贫攻坚干部教育培训工作推进座谈会，与会代表普遍反映，各地缺乏全国脱贫攻坚干部培训基础性教材。为加强干部培训体系建设，满足各地开展扶贫干部大培训的需要，经国务院扶贫办办务会决定，国务院扶贫办政策法规司、全国扶贫宣传教育中心在征求各省（自治区、直辖市）扶贫办和有关方面意见的基础上，与中国出版集团研究出版社联合开发《脱贫攻坚干部培训十讲》《脱贫攻坚前沿问题研究》两本脱贫攻坚干部培训基础教材，列入全国扶贫教育培训教材（第二批）。

两本教材以《习近平扶贫论述摘编》为根本遵循，《脱贫攻坚干部培训十讲》主要针对脱贫攻坚的基础性问题进行讲解，《脱贫攻坚前沿问题研究》主要针对当前脱贫攻坚的前沿问题进行探讨。

本书由国务院扶贫办政策法规司、国务院扶贫办全国扶贫宣传教育中心组织编写。参加本教材编写工作的专家都有长期从事脱贫攻坚研究的积累。黄承伟负责全书总体策划、拟定编写大纲和编写规范、指导统稿改稿、审定书稿。各章节编写人员分别是：第一讲向德平、陈琦，第二讲黄承伟，第三讲庄天慧、李海金，第四讲刘晓山、吕方、公丕宏、韩霜、王聪，第五讲陆汉文、刘飞，第六讲张琦，第七讲汪三贵，第八讲李海金、刘欣、阎艳，第九讲左停，第十讲吕方、骆艾荣。初稿完成后，王晓毅、张琦、李海金、陈琦、吕方、刘杰、袁泉、刘欣、公丕宏和骆艾荣、刘思圻、阎艳对书稿进行了统稿、审稿工作。

感谢国务院扶贫办领导、各司各单位主要负责同志审阅书稿并提出审读意见，感谢社会扶贫司周晓云、张伟、宿盟同志对于社会扶贫相关内容的修正，感谢中国出版集团研究出版社赵卜慧社长和社长总编办、重大题材项目部张博主任及其编审团队的支持及专业指导，感谢承担撰稿、统稿、审稿任务的各位专家的辛勤付出。

脱贫攻坚内涵丰富、涉及领域广、政策性强，由于种种原因，本教材难免有疏漏之处，敬请广大读者批评指正。

本书编写组
2018年9月